Dr. Eckhard Michael †
Christiane Stagge

Hansestadt
LÜNEBURG

Ein Führer
durch die alte Salzstadt

Schmidt BUCH

Inhalt

Geschichte

Als reiche Salzstadt, als großes mittelalterliches Zentrum gilt Lüneburg – und das trifft zu! Bis zum heutigen Tag legen prächtige Bauten der Gotik und auch der Renaissance Zeugnis davon ab. So gelten das 15. und 16. Jahrhundert als Blütezeit der Stadt.

Darüber sollte nicht in Vergessenheit geraten, dass es – in immerhin mehr als 1000 Jahren dokumentierter Geschichte – auch weniger glückliche Phasen und mancherlei Wechselfälle gegeben hat. Und wer würde vermuten, dass Johann Sebastian Bach einen Teil seiner schulischen und musikalischen Ausbildung in Lüneburg erhalten hat und dass Heinrich Heine häufig seine Eltern besuchte, als sie zehn Jahre lang in der Stadt lebten. Lüneburg gab und gibt sich vielfältig, wenngleich auf dem einen oder anderen Weg immer wieder auf das Salz zurückverwiesen wird.

Beispiel dafür ist auch die gern und oft erzählte Sage von der Lüneburger Salzsau. Es heißt, vor langer Zeit sei ein weidwundes, flüchtendes Wildschwein an ein Sumpfloch gelangt und habe sich darin gewälzt. Als es dort von Jagdhunden gestellt und von den nachfolgenden Jägern erlegt worden sei, habe man verwundert festgestellt, dass die schwarzen Borsten des Schweines hell glitzerten. Nähere Untersuchungen ergaben, dass es sich um Salzkristalle handelte. So sei mit dem Sumpfloch die Salzquelle entdeckt worden – Ausgangspunkt für eine glanzvolle Entwicklung. Dass man sich dankbar an das Wildschwein erinnert, beweist ein Schinkenknochen, den man dem Publikum als Überrest in den historischen Räumen des Rathauses zeigt.

Wer der Sage nicht vertraut, findet Sicherheit bei urkundlich nachweisbaren Tatsachen. Das älteste Dokument stammt bereits aus dem Jahre 956. Es handelt sich dabei um eine Urkunde König Ottos I., nach deren Wortlaut dem Michaeliskloster auf Bitten des Markgrafen Hermann Billung bestimmte Einkünfte von der Saline übertragen wurden. Dieses Schriftstück steht am Anfang einer reichen Überlieferung zur Stadtgeschichte und vermittelt – auf den ersten Blick vielleicht noch etwas abstrakt – wichtige Informationen. Es weist auf die Existenz des Michaelisklosters hin, das sich, wie zu ergänzen ist, auf dem Kalkberg im Westen der heutigen Stadt befand. Es stand dort in enger, auch baulicher Verbindung mit einer Burg. Deren Herr war 956 der genannte Markgraf Hermann Billung, der von der „Lüneburg" aus über Nordostniedersachsen und über Gebietsteile östlich der Elbe herrschte. Weiterhin muss man unterstellen, dass die Saline zu der Zeit betrieben wurde, denn anderenfalls hätten keine geregelten Einkünfte erzielt werden können.

So sind in diesem frühen Zeugnis bereits die wichtigsten Elemente der Lüneburger Geschichte genannt.

Entstehung und Herrschaft

Die erste, vom 10. bis zum 14. Jahrhundert reichende Phase der Lüneburger Geschichte ist durch den Aufbau von Siedlungs- und Herrschaftsstrukturen gekennzeichnet. Die Urkunde von 956 nennt indirekt zwei der drei Siedlungskerne, die später zur Stadt Lüneburg zusammengewachsen sind.

Um den Kalkberg herum befand sich die Burgsiedlung. Hier hatten sich vornehmlich Handwerker angesiedelt, jedenfalls Menschen, deren Dienstleistungen man in Burg und Kloster benötigte. Die Siedlung erhielt bald ihre eigene Pfarrkirche, St. Cyriacus. Der zweite Kern entstand bei der Saline, weil die dort beschäftigten Arbeiter in der Nähe der Produktionsstätte leben wollten oder sollten. In östlicher Richtung etwa 500 Meter entfernt von diesen beiden

Wappen am Brömsehaus

relativ nahe beieinanderliegenden Ansiedlungen bildete sich an einer Furt durch die Ilmenau eine kleine Ortschaft mit Namen Modestorpe, die zum dritten Siedlungskern der späteren Stadt wurde. Auch sie besaß eine eigene Pfarrkirche, St. Johannis, in der man eine Taufkirche aus der Zeit Karls des Großen vermutet.

In einem Prozess, der sich über mehr als 250 Jahre hinzog, verwuchsen diese drei Kerne zu einer städtischen Siedlung, begünstigt durch Salzproduktion und Salzhandel. Gewissermaßen als Lebensader bildete sich im Zuge dieser Entwicklung der heutige Platz „Am Sande“ aus, einer der größten seiner Art. Er spaltet sich an seinem westlichen Ende in zwei Straßenzüge auf und stellt so die Verbindung zwischen den einzelnen Siedlungsteilen her.

Die Burg blieb weiterhin Sitz von Fürstengeschlechtern, die in der Region herrschten. Ab dem 12. Jahrhundert waren die Welfen in Lüneburg ansässig, und der wohl bedeutendste Herzog aus dieser Familie, Heinrich der Löwe, förderte die aufstrebende Siedlung. Nach seinem politischen Ende im Jahre 1180 entstand in Nordostdeutschland ein Machtvakuum, die Kräfteverhältnisse formierten sich neu. Einem Sohn Heinrichs gelang es, die welfische Herrschaft von Lüneburg aus weiterzuführen, wenngleich in weitaus bescheidenerem Umfang. Der einzige Enkel Heinrichs des Löwen, Herzog Otto, übertrug seine Erblande 1235 dem Deutschen Reich und erhielt sie unter dem Namen Herzogtum Braunschweig und Lüneburg im Status eines Reichsterritoriums zurück. Dadurch wurden er und seine Nachkommen wieder zu Reichsfürsten. Seine Söhne teilten das Herzogtum in zwei Fürstentümer: Braunschweig und Lüneburg. Die Burg auf dem Kalkberg blieb bis 1371 Residenz des Fürstentums Lüneburg.

Als Herzog Otto 1235 zum Reichsfürsten erhoben wurde, hatte sich Lüneburg als Stadt etabliert. Es existierte ein Gremium von Ratsherren, die eine Selbstverwaltung nach damaligen Maßstäben durchführten, wohl das wichtigste Kennzeichen für die Definition einer Siedlung als Stadt. Wenn sich neben der Selbstverwaltung ein eigener abgeschlossener Bezirk ausgebildet hat, in dem ein bestimmtes Recht gilt, ist im Mittelalter die Stadtwerdung abgeschlossen. In Lüneburg war dieser Zustand vor 1247 erreicht, denn in jenem Jahr bestätigte und erweiterte Herzog Otto das Stadtrecht. Es begann eine neue Epoche in der Geschichte Lüneburgs, der Aufstieg zu Macht, Reichtum und Ansehen einer Salzstadt, einer mittelalterlichen Großstadt.

Diese Entwicklung geschah anfangs mit Billigung und Unterstützung der welfischen Landesherren, die zugleich auch Stadtherren waren. Auf wirtschaftlicher Grundlage bildete sich eine Führungsschicht heraus, die mehr und mehr auch nach politischer Mitbestimmung drängte. So ergaben sich zwischen Stadt und Fürsten allmählich Spannungen, die eine Kraftprobe heraufbeschworen – keine Seltenheit im Städtewesen des Mittelalters. In Lüneburg fiel die Entscheidung im Jahre 1371.

Blick über Am Sande zum Senkungsgebiet mit Michaeliskirche

Auf dem Weg zur Selbstständigkeit

Der zweite große Zeitabschnitt in der Lüneburger Geschichte ist wohl der bedeutendste. Die Stadt erreichte für etwa 150 Jahre faktische Eigenständigkeit. 1369 war die Lüneburger Linie der Welfen erloschen. Die daraus entstandenen Erbfolgewirren nutzte die Stadt geschickt aus. Zu Beginn des Jahres 1371 wurde die Burg von städtischen Kräften besetzt und später geschleift. Ein fürstlicher Vergeltungsangriff im Oktober des Jahres wurde zurückgeschlagen. Damit war die Stadt von herzoglicher Einflussnahme frei. Nominell konnte der Rat der Stadt agieren wie der einer freien Reichsstadt. Das Symbol der welfischen Macht, die Burg, war dem Erdboden gleichgemacht worden, das benachbarte Michaeliskloster musste aufgegeben und in die Stadt verlegt werden, die Pfarrrechte von St. Cyriacus erloschen, die Kirche begann zu verfallen. Damit endete nach mehr als 400 Jahren ein wesentliches Element der Lüneburger Geschichte, nämlich Herrschaftsmittelpunkt zu sein.

Lüneburg erlebte in kurzer Zeit eine wirtschaftliche Blüte, der eine kulturelle Blüte folgte. Die Verbindungen zu den Unternehmungen der Hanse wurden enger; die Stadt war in einem Atemzug mit Ostseestädten wie Lübeck, Rostock, Wismar oder Stralsund zu nennen. Dreh- und Angelpunkt bildete das Lüneburger Salz, das vornehmlich als Konservierungsmittel begehrt war. Die als Industriebetrieb organisierte Saline produzierte zu Spitzenzeiten etwa 20 000 Tonnen Salz pro Jahr.

Wirtschaftliche und politische Bedeutung der Stadt spiegeln sich in reger Bautätigkeit, sowohl im privaten als auch im öffentlichen Bereich, wider. Große Kirchenbauten entstanden, das Rathaus erhielt prächtige Erweiterungsbauten und insbesondere die wohlhabenden Familien ließen sich repräsentative Wohnhäuser errichten. Tonangebend waren die Sülfmeisterfamilien, die zunächst nur die wirtschaftliche, dann auch die politische Führung übernahmen.

Zum Sülfmeister wurde jemand ernannt, wenn er auf der Saline ein Mindestanrecht in der Salzproduktion erhielt. Organisationseinheit war die Siedepfanne, von denen es 216 gab, jeweils zu viert in einem Siedehaus aufgestellt. Die Eigentümer der Saline fanden sich weit über Norddeutschland verstreut. Überwiegend waren es geistliche Institutionen wie zum Beispiel Klöster. Sie übernahmen den Betrieb der Saline nicht selbst, sondern übertrugen ihn durch Verpachtung an Ortsansässige, eben an die Sülfmeister.

Von der Saline profitierten also zwei Gruppen: zum einen gewissermaßen die Anteilseigner und zum anderen die eigentlichen Betreiber. Letztere waren im Vorteil, weil sie am Ort lebten. Im Laufe der Zeit bildeten sich Abgrenzungen bei den Sülfmeisterfamilien heraus. Einige von ihnen wollten die Erträge nicht mehr in dem größer werdenden Kreis teilen, da sich der Anteil des Einzelnen stetig verringerte. Nachdem die Sülfmeisterfamilien auch die Ratsherren gestellt hatten, entwickelte sich das Bestreben, eine Stadtelite – das Patriziat – zu schaffen. Eine strikte soziale Abgrenzung im 15. Jahrhundert war die Folge.

Der Übergang zur Neuzeit

Auf der Höhe seiner Macht trat Lüneburg vom Mittelalter in die Neuzeit über. Im 16. Jahrhundert konnte das hohe kulturelle Niveau erhalten werden, wirtschaftlich und politisch setzte indessen, zunächst kaum wahrnehmbar, dann aber mehr und mehr ein Niedergang ein.

Die Gründe dafür sind vielfältig und sowohl interner als auch externer Art. Zunächst ist festzuhalten, dass mit dem Ende des Mittelalters auch das Ende des Städtewesens als bestimmende Kraft in Deutschland kam. Die Fürsten begannen, eine neue und starke Rolle zu spielen, zumal in solchen Ländern, die sich der Reformation anschlossen. Geschickt übernahmen die Adligen die in den Städten entwickelten modernen Verwaltungsmethoden und bauten zeitgemäße Regierungsstrukturen auf – zum Nachteil der Städte. Soziale Umbrüche und Umwälzungen in Technik und Wissenschaft veränderten die Welt. Wenn sich vor diesem Hintergrund massive interne Probleme ergaben, konnte eine Stadt in die Krise geraten. So verhielt es sich auch in Lüneburg.

Der Salzhandel kam ins Stocken und ging schließlich zurück. Einerseits sank die Nachfrage, andererseits erwuchs aus dem preisgünstiger herzustellenden Seesalz, überwiegend am Atlantik gewonnen, eine starke Konkurrenz. Diese Entwicklung traf Lüneburg um so härter, als keine wirtschaftlichen Alternativen bestanden. Je mehr die Kräfte nachließen, desto stärker ging der welfische Landesherr daran, die 1371 und früher verlorenen Positionen zurückzuerobern. Ab Mitte des 16. Jahrhunderts zeigte sich diese Tendenz deutlich sichtbar, und sie verstärkte sich mit Fortschreiten der Zeit. Im 17. Jahrhundert war das Patriziat nicht mehr in der Lage, seine Rolle als Führungsschicht auszufüllen, teils wegen abnehmender Personenzahl, teils wegen sittlichen Verfalls. Es war nur eine Frage der Zeit, dass der Herzog nicht nur in zunehmendem Maß in städtische Belange eingreifen, sondern die Stadt wieder vollständig unterwerfen würde.

Diese Sachlage trat gegen Ende des Dreißigjährigen Krieges ein. 1639 musste sich Lüneburg fürstlicher Aufsicht unterstellen, die Selbstständigkeit – auch in Verfassungsfragen – war endgültig verloren. Lüneburg, fortan eine von mehreren Städten im Fürstentum Lüneburg, unterschied sich durch nichts von anderen. Eine bedeutende Epoche hatte ihr Ende gefunden.

Entwicklung zur „Beamtenstadt“

Nach 1639 verstärkte sich die Phase des Niedergangs, der alle Bereiche des öffentlichen Lebens erfasste und auch zu einem Sinken der Einwohnerzahl führte. Erst ab Mitte des 19. Jahrhunderts wendete sich das Blatt.

Die Saline produzierte kontinuierlich weiter. An ihre frühere Bedeutung reichte sie jedoch nie wieder heran und wurde 1980 schließlich geschlossen. Als recht wichtiger Wirtschaftszweig bildete sich das Speditionswesen heraus, das in der ersten Hälfte des 18. Jahrhunderts zu einem gewissen Wohlstand führte. Nach dem Siebenjährigen Krieg (1756 - 1763), unter dem die Stadt stark zu leiden hatte, verarmte Lüneburg mehr und mehr.

Kriegerische Ereignisse und deren Folgen bestimmten auch den Anfang des 19. Jahrhunderts. Das ehemalige Fürstentum Lüneburg war 1705 an das Kurfürstentum Hannover gefallen. Als Napoleon seinen Krieg mit England begann, gerieten die hannöverschen Lande in sein Blickfeld, da sie in Personalunion von England aus regiert wurden. Er hoffte, England auf dem Festland treffen zu können.

Im Mai 1803 wurde das Kurfürstentum von den Franzosen besetzt, am 9. Juni zogen französische Soldaten in Lüneburg ein. Die Bevölkerung hatte die Lasten der Einquartierung zu tragen. In den Wirren der napoleonischen Zeit änderte sich die territoriale Zugehörigkeit der Stadt mehrere Male. Ab März 1811 gehörte Lüneburg sogar zum Kaiserreich Frankreich. Nach der Niederlage Napoleons 1813 wurden die ursprünglichen staatsrechtlichen Verhältnisse wiederhergestellt.

Nach einer Phase der Erschöpfung traten endlich sichtbare Verbesserungen durch strukturelle Veränderungen ein. Um 1820 gab es erste Versuche, Industrie anzusiedeln. Etwa zeitgleich begann der Prozess, der Lüneburg zum Teil noch heute prägt: die Einrichtung von regional zuständigen Behörden und Gerichten. 1846 wurde eine neue Stadtverfassung eingeführt, die es erlaubte, auf die sozialen und wirtschaftlichen Entwicklungen zu reagieren.

Nach der Reichsgründung 1870/71 gewann die Stadt Anschluss an den allgemeinen Aufschwung. Eine rege Bautätigkeit setzte ein; die seit dem Mittelalter weitgehend unveränderte Bebauungsgrenze der Stadt wurde in alle Richtungen hin deutlich ausgeweitet. Im Jahre 1900 zählte Lüneburg etwa 24 700 Einwohner, während es 1833 nur etwa 12 100 gewesen waren. Nach dem Zweiten Weltkrieg vergrößerte sich durch Zuzug von Vertriebenen und Flüchtlingen die Bevölkerungszahl auf etwa 64 800, heute beträgt sie fast 71 000. Kraft Erlass des Niedersächsischen Ministers des Innern führt Lüneburg seit 1. Oktober 2007 die offizielle Bezeichnung „Hansestadt“.

Noch immer kann man von einer „Beamtenstadt“ sprechen, da Regierungsvertretung, Stadt- und Kreisverwaltung, das Oberverwaltungsgericht für Niedersachsen, ein Landgericht und andere Gerichte hier angesiedelt sind. Zwei Kammern nehmen die Belange des Handwerks, der Industrie und des Handels wahr.

Zunehmende Impulse vermittelt die Leuphana Universität Lüneburg, entstanden durch die Fusion der früheren Fachhochschule Nordostniedersachsen und der Universität Lüneburg. Dagegen ist die Rolle als starke Garnison nach Herstellung der deutschen Einheit entfallen. Im Wirtschaftsleben dominieren mittelständische Betriebe. Lüneburg stellt sich heute als wachsendes Oberzentrum mit starken touristischen Anziehungspunkten dar.

Rechts: Tafelbild (1444) von Hans Bornemann mit einer Ansicht Lüneburgs im Umgangschor von St. Nicolai

Rathaus

Unter den historischen Rathäusern Deutschlands gehört das Lüneburger zu den größten und prächtigsten. Auf einer Grundfläche von etwa 100 Meter Länge und 45 Meter Breite erhebt sich ein vielgestaltiger Baukörper als Produkt einer komplizierten, bisher nicht eindeutig geklärten Baugeschichte, die vom Mittelalter bis in das 19. Jahrhundert reicht. Fast jede der großen kunsthistorischen Epochen hat ihren Beitrag zur Gestaltung dieses Gebäudes geleistet.

Die Anfänge gehen bis in die erste Hälfte des 13. Jahrhunderts zurück. Kurz nach 1250 existierte nachweislich die Ratskapelle zum Heiligen Geist, gelegen am nordöstlichen Rand des heutigen Bauensembles. Möglicherweise ist bereits einige Jahrzehnte früher ein kleiner Rathausbau errichtet worden, angeordnet im rechten Winkel zur Kapelle und einige Meter von ihr entfernt. Um 1300 entstand neben der Kapelle das Gewandhaus, dem 1328 ein zweiter Rathausbau parallel zum älteren hinzugefügt wurde.

Die barocke Ostseite des Rathauses

Monarchenfigur an der Fassade

Für dieselbe Zeit ist an der südöstlichen Ecke des Grundstückes der Ratsweinkeller bezeugt. Bis zum Ende des Jahrhunderts wurde der Baubestand um Ratswaage und Niedergericht erweitert. So hatte sich über längere Zeit, bedingt durch funktionale Notwendigkeiten, eine heterogene Ansammlung von Einzelgebäuden ergeben, der man zum Markt hin eine fünftürmige Schaufassade vorblendete, um das Erscheinungsbild zu vereinheitlichen.

Die Erweiterungen des Rathauses wurden nach Westen hin fortgesetzt, besonders zur Blütezeit der Stadt im 15. und 16. Jahrhundert, in der nicht nur die Erfordernisse der Verwaltung einer wachsenden Gemeinde, sondern auch der Wunsch nach Repräsentation zunahmen. In einem ersten Schritt verband man den ältesten, noch immer separaten Bau mit den jüngeren Gebäuden durch die sogenannte Laube, die vom Ochsenmarkt her erschlossen wurde und bis heute als zentraler Raum den Zugang zu allen Gebäudebereichen ermöglicht. Ab 1449 schuf man durch die Aufstockung des Gewandhauses einen großen Festsaal, den Fürstensaal. Zwischen 1478 und 1481 entstand der Kämmereiflügel am Marienplatz mit einem prächtigen gotischen Staffelgiebel. Gegen Ende des 15. und zu Beginn des 16. Jahrhunderts wurde das Rathaus von 1328 mit Nebenräumen – dem Alten Archiv und der Bürgermeisterkörkammer – versehen. Von 1564 bis 1567 entstand neben der Laube ein weiteres „neues Rathaus". Die zwischen diesem und dem Kämmereiflügel bestehende Lücke wurde noch im 16. Jahrhundert geschlossen. Damit war der heutige Baubestand des Rathauses im Wesentlichen erreicht.

Die Reihe kleiner Umbauten und Veränderungen im Inneren bis ins 20. Jahrhundert hinein zu erwähnen, ist entbehrlich. Wichtige Veränderungen ergaben sich jedoch Anfang des 18. Jahrhunderts, als man anstelle der Kapelle zwei hintereinanderliegende Säle,

Figur an der Traufseite der Kämmerei

Traubensaal und Huldigungssaal, einrichtete und vor allem eine neue Schaufassade zum Markt hin gestaltete, die das Rathaus bis heute dominiert. 1899 wurde an der Stelle des vermutlich ältesten Rathauses das Gebäude des ehemaligen Stadtarchivs neu gebaut.

Das Lüneburger Rathaus vereinigt als Ergebnis seiner Baugeschichte in seinem Äußeren Formelemente der Gotik, der Renaissance und des Barock. Entsprechend zeigt sich das Erscheinungsbild im Inneren. Der älteste erhaltene Raum ist der Ratssaal von 1328, seit dem ausgehenden 17. Jahrhundert **Gerichtslaube** genannt. Die Raumwirkung dominiert eine in der Südwand befindliche große, dreiteilige Fenstergruppe mit Maßwerk aus der Erbauungszeit. Die Farbverglasung entstand um 1410 und zeigt die Darstellung der Neun Guten

Gerichtslaube mit bemalter Holztonnendecke

Helden. Unter Baldachinen erscheinen Judas Makkabäus, David, Josua, Gottfried von Bouillon, Karl der Große, König Artus, Julius Caesar, Alexander und Hektor. Zwar sind die Bilder im Zuge einer Restaurierung 1853 umfangreich erneuert worden, dennoch kommt dem Zyklus Einmaligkeit zu. Es handelt sich um den einzig erhaltenen dieses Themas in der mittelalterlichen Glasmalerei Europas und zugleich um den einzigen Zyklus profanen Inhalts, der sich an Ort und Stelle erhalten hat.

Die Scheiben in den vier kleinen Fenstern der Ostwand stammen aus dem späteren 15. Jahrhundert und aus noch späterer Zeit. Sie zeigen unter anderem mehrfach die Wappen von Stadt und Fürstentum Lüneburg. In der Lunette gegenüber dem Heldenfenster befindet sich eine monumentale Malerei mit dem Jüngsten Gericht; Christus thront in der Mitte, zu seinen Seiten Maria und Johannes. Der Apostel Jakobus der Äl-

Nebeneingang zur Großen Ratsstube

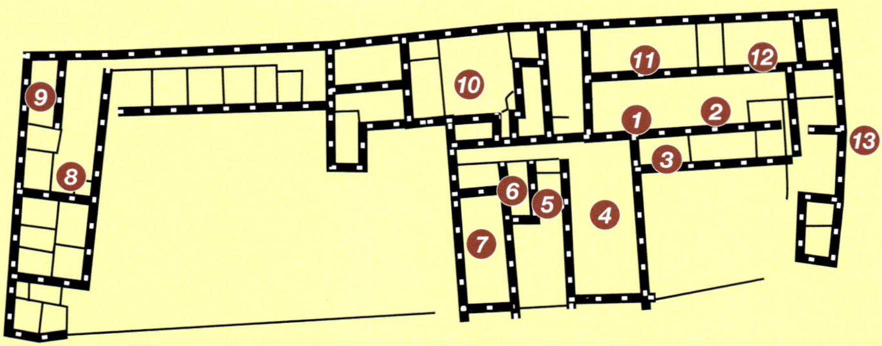

*1 **Gewandhaus (1302)***
*2 **Fürstensaal (1449 - 1464) über Gewandhaus und Alter Kanzlei***
*3 **Alte Kanzlei (1449 - 1469)***
*4 **Gerichtslaube (1330)***
*5 **Altes Archiv (1491 - 1521)***
*6 **Bürgermeisterkörkammer (1491)***
*7 **ehemals Stadtarchiv***
*8 **Kämmerei (1476 - 1482)***
*9 **Große Kommissionsstube (1575 - 1584)***
*10 **Große Ratsstube (1564 - 1584); Ziegelbau (etwa 1287)***
*11 **Huldigungssaal (1706)***
*12 **Traubensaal (1706)***
*13 **Barocke Marktfassade (1706 - 1720) mit Niedergericht***

Alte Kanzlei neben der Gerichtslaube

tere sowie Moses besetzen die Ecken des Bogenfeldes. Die flache Holztonnendecke und die Wände tragen Malereien, bezeichnet 1529. Inhaltlich nehmen sie, gemäß der Entstehungszeit, römisch-antike Motive auf, programmatisch ausgerichtet auf das gute und gerechte Stadtregiment. Im südwestlichen Bereich des Raumes befindet sich der durch Schranken abgeteilte Ratsstuhl. Mehrere, mit Bronzedeckeln verschlossene Röhren verweisen auf die ehemals darunter gelegene Warmluftheizung. Die beiden Schranken – die östliche aus Holz, die nördliche aus Sandstein – sind nach innen zu Bänken ausgebildet und stammen aus dem Ende des 16. Jahrhunderts.

Die Ostwand der Gerichtslaube besitzt zwischen den Fenstern drei 1474, 1487 und 1521 entstandene Wandschränke, sogenannte Schenkeschieven. Sie sind in gotischen Formen reich verziert und jeweils mit einer großen Platte zur Präsentation des Ratssilbers versehen.

Die beiden kleinen Nebenräume der Gerichtslaube haben ihren spätmittelalterlichen Charakter bewahrt. Die **Bürgermeisterkörkammer** von 1491 ist mit einer Wandvertäfelung und einer bemalten Balkendecke versehen. Nach Süden öffnet sich ein farbig verglastes Fenster, das die Figuren der vier Lüneburger Bürgermeister im Jahr der Einrichtung des Raumes zeigt. Das Fenster

Fürstensaal mit Wandgemälden

ist wie das Heldenfenster im 19. Jahrhundert stark erneuert worden. Das 1521 entstandene **Alte Achiv** besitzt ebenfalls eine Holzvertäfelung, ist aber nicht durch eine Balkendecke, sondern durch ein Kreuzrippengewölbe geschlossen.

Der **Fürstensaal**, bis heute für festliche Veranstaltungen genutzt, besitzt eine Grundfläche von etwa 34 mal 10 Metern. Der spätmittelalterliche Raumcharakter hat sich erhalten. Vor den Wänden verlaufen geschlossene Bankreihen, begleitet von kunstvoll ornamentierter Vertäfelung, die durch ein Gesims abgeschlossen wird. Darüber erscheint rapportartig die Darstellung fürstlicher Ehepaare aus dem Haus Braunschweig-Lüneburg vom 13. bis zum Beginn des 17. Jahrhunderts, jeweils unter Beigabe der persönlichen Wappen. Dieser Bestandteil der Ausstattung gab dem Saal seinen Namen.

Den östlichen Bereich, infolge der barocken Umgestaltung der Schaufassade zum Marktplatz verändert, grenzt eine Bogenstellung ab. Wandbilder sind indessen auch hier angebracht. Auf ihnen sind Darstellungen deutsch-römischer Kaiser sowie die Belehnung Herzog Ottos des Kindes mit dem Herzogtum Braunschweig-Lüneburg zu sehen. Einen starken Akzent setzt die Bemalung der Decke. Im Wechsel mit doppelköpfigen Adlern erscheinen in Medaillons fingierte Porträts der römischen und deutschen Kaiser und Könige mit Beischrift. Der Unterzug, von dem fünf gotische Geweihleuchter herabhängen, trägt die Namen und Wappen der Lüneburger Bürgermeister und Ratsherren des Jahres 1607. Aus demselben Jahr stammt die große Eingangstür. Sie zeigt in Malerei einen schwarzen Reichsadler, in seinem Gefieder Wappen von Territorien des Deutschen Reichs.

Kern des 1564 bis 1567 errichteten Ratsbaues ist die **Große Ratsstube**, deren innere Ausgestaltung sich bis 1584 hinzog. Dieser Raum ist mit seinem geschlossenen Dekorationssystem der künstlerisch bedeutsamste des Rathauses. Seinen besonderen Wert erhält er durch die Schnitzereien des Bildhauers Albert von Soest. Die Ratsstube besitzt umlaufende Bänke, darüber eine mittels Gesims abgeschlossene Vertäfelung. Zwischen diesem Gesims und der Decke ist eine Reihe allegorischer Gemälde von der Hand des Malers Daniel Frese angebracht, deren Farbigkeit den Raumeindruck ebenfalls prägt. Thematisiert wurden auch hier, wie in der Gerichtslaube, Recht und Gerechtigkeit. Die Portalumrahmungen des Albert von Soest nehmen diese Thematik auf und illustrieren Schilderungen der Bibel und der römischen Geschichtsschreibung durch Livius. Der Ratsstuhl ist in seiner Ausgestaltung der Vertäfelung angeglichen.

Der in der Barockzeit entstandene **Huldigungssaal** präsentiert sich mit gemalten Landschaftstapeten. Die Decke zeigt Allegorien und im Zentrum ein Oval mit dem Triumphzug Caesars. In der Mitte der Südwand hängt ein repräsentatives Gemälde König Georgs I. von Großbritannien, der als Kurfürst von Hannover auch lüneburgischer Landesherr war.

Blick in die Große Ratsstube mit prunkvollen Holzschnitzereien und zahlreichen allegorischen Gemälden

Johanniskirche

Nach Ausgrenzung und späterem Verfall der am Fuße des Kalkberges gelegenen Cyriacuskirche war St. Johannis die einzige Pfarrkirche der Stadt Lüneburg. Das Patrozinium und die Lage nahe der Ilmenaufurt, also im Zentrum des dörflichen Siedlungskerns Modestorpe, gestatten die Annahme, dass es sich um eine bereits in der Karolingerzeit gegründete Tauf- und Missionskirche handelt. Näheres ist nicht bekannt. Die schriftliche und gegenständliche Überlieferung des heutigen Kirchengebäudes setzt im späten 13. Jahrhundert ein. Vorgängerbauten haben bestanden, jedoch weiß man über sie nichts.

St. Johannis ist eine fünfschiffige gotische Hallenkirche aus Backstein, deren Kernbau – ein dreischiffiges Langhaus mit Chor und Westturm – um 1310 vollendet war. Die baulichen Erweiterungen zur heutigen Gestalt erfolgten überwiegend im Verlauf des 14. Jahrhunderts. Vorbilder des Kernbaus sind hauptsächlich die Marienkirche in Lübeck und, beschränkt auf Elemente des inneren Ausbaus, der Dom in Verden. Diese Vorbilder spiegeln Bezugssysteme wider, in die Lüneburg eingebunden war: Lübeck als der Vorort der Hanse war der wichtigste Wirtschaftspartner der Stadt, in Verden bestand der Sitz des zuständigen Diözesanbischofs. Der Kernbau von St. Johannis wurde wiederum Vorbild für eine Reihe von Kirchenbauten in Niedersachsen, in der Altmark und in Brandenburg – Zeichen für die Ausstrahlungskraft Lüneburgs auch auf dem Bausektor.

St. Johannis

St. Johannis war nicht nur die einzige Pfarrkirche der Stadt, sondern auch Archidiakonatskirche, also Mittelpunkt eines kirchlichen Verwaltungssprengels der Diözese Verden. Um die Wende zum 15. Jahrhundert gab es ernsthafte

Bestrebungen, den Bischofssitz von Verden nach Lüneburg mit St. Johannis als Kathedralkirche zu verlegen. Diese Pläne stießen jedoch auf erbitterten Widerstand der Stadt und konnten schließlich vereitelt werden. 1406 erhielt der Rat das Patronat über St. Johannis. Spätestens seit dieser Zeit gilt das Gotteshaus als Ratskirche, reich mit Stiftungen der Gilden und der führenden Familien versehen, die mit Beginn des 15. Jahrhunderts hier ihre Grablegen einrichteten.

Trotz erheblicher Verluste hauptsächlich mittelalterlicher Kunstgegenstände verfügt St. Johannis noch immer über eine reiche Ausstattung. Im Chorraum dominiert der große doppelte Flügelaltar, dem Bildprogramm nach ein Passionsaltar. Predella, Schrein und Innenseiten der Innenflügel

Kreuzigungsaltar (um 1525) im nördlichen Nebenchor

sind mit geschnitzten Szenen und Figuren versehen. Den Kern bildet ein Zyklus von 14 Darstellungen aus dem Leben Christi, vor allem zur Passion. Diese Schnitzwerke werden dem Lüneburger Meister Clawes Klovesten zugeschrieben und entstanden um 1425.

Unterhalb dieser Szenen befindet sich eine über die gesamte Breite laufende Zone von 16 Baldachinen, unter denen je eine weibliche Heiligenfigur steht. Analog dazu gibt es eine Zone mit zehn Apostelfiguren oberhalb der Passionsszenen. Beide Figurenreihen sind später als die Mittelzone entstanden, stammen aber aus unterschiedlichen Werkstätten. Noch jünger sind die sechs Prophetenfiguren in der Predella. Sie wurden um 1480 geschaffen.

Großer Orgelprospekt an der Westwand

Von hohem künstlerischen Rang sind die vier Tafelbilder der ersten Wandlung, 1482/85 von dem Hamburger Hinrik Funhof gemalt. Jede Tafel beschäftigt sich mit der Darstellung einer Heiligenlegende, wobei jeweils mehrere Episoden zu einem Ganzen vereinigt worden sind. Behandelt werden die Legenden der Heiligen Georg, Ursula, Cäcilie und Johannes des Täufers. Hinrik Funhof ließ sich in seiner Malerei von Dirk Bouts und Hans Memling beeinflussen.

Die Außenseiten zeigen das Ecce homo aus der Passion Christi und die Kreuzigung, Arbeiten eines Funhof-Schülers. Auf der Rückseite des Schreines ist ein auf Leinen gemaltes Bild von Daniel Frese aus der Renaissancezeit angebracht, das sich der Allegorie „Christus als Lebensbrunnen" widmet. Den Gewölbeschlussstein über dem Altar überdeckt ein großer sechseckiger Stern mit dem Lamm Gottes im Mittelpunkt.

An anderen Stellen im Kirchengebäude befinden sich weitere mittelalterliche Altäre oder Reste davon. Im nördlichen Nebenchor steht ein Kreuzigungsaltar, um 1525 datiert und dem Meister der Lübecker Burgkirchensippe zugeschrieben. Der gesamte Schrein ist von einer figurenreichen Darstellung der Kreuzigung Christi ausgefüllt, in den beiden Flügeln stehen unter Baldachinen jeweils sechs Apostelfiguren. Die Rückseiten der bemalten Flügel dokumentieren – wie der Hochaltar – Szenen aus dem Leben der Heiligen Johannes des Täufers, Georg, Ursula und Cäcilie. Aus dem Jahr 1516 stammt der kleine Kreuztragungsaltar in der Elisabethkapelle des südlichen Nebenchores.

Aus mehreren, ursprünglich nicht zusammengehörigen Einzelteilen besteht der Baldachinaltar im nördlichen Seitenschiff. Das Zentrum bildet eine Figur Johannis des Evangelisten, Rest eines um 1380 gefertigten Marienaltars. Ein spätgotischer kleiner Schrein mit der Muttergottes, von Engeln umgeben, ist an einem Pfeiler des südlichen Seitenschiffes angebracht.

Das ehemals zweireihige Chorgestühl besteht heute aus beiderseits 14 Sitzen ohne Rückwand, jedoch mit Seitenlehnen versehen. Die hohen Wangen des östlichen Abschlusses entstanden um 1420 und tragen Schnitzereien mit Apostel- und Heiligenfiguren sowie Ecclesia und Synagoge. Die Stützkonsolen der Sitzbretter besitzen ebenfalls Schnitzereien. 1588 wurde die kunstvolle Renaissancetäfelung über den Sitzreihen geschaffen.

Eine Vielzahl von Epitaphien aus dem 16. bis 18. Jahrhundert bestimmt das Erscheinungsbild des Kirchenraumes. Hervorzuheben sind die monumentalen Sandsteinepitaphien für Hartwig und Nikolaus Stöterogge von 1552 beziehungsweise 1561 am westlichen Pfeilerpaar sowie das 1575 von Albert von Soest gearbeitete Wanddenkmal für den Stadthauptmann Fabian Ludich.

Weitere bemerkenswerte Ausstattungsstücke sind der im nördlichen Seitenschiff hängende Marienleuchter (um 1490), das 1540 für die Lambertikirche gefertigte Taufbecken aus Bronze in der nördlichen Nebenkapelle sowie das ebenfalls dort befindliche kleine Sandsteinrelief (um 1420) mit einer Darstellung der Verkündigung an Maria.

Die Große Orgel, eine der bedeutendsten Norddeutschlands, beherrscht die Westwand der Kirche. Hauptwerk, Oberwerk und Rückpositiv erschufen 1551/53 Hendrik Niehoff und Jasper Johansen aus s'Hertogenbosch. 1712 bis 1715 veränderte und erweiterte der Schnitger-Schüler Matthias Dropa aus Hamburg des Werk. Ihm verdankt die Orgel die beiden barocken Pedaltürme. Seit Pfingsten 2010 erklingt eine von der Firma Kuhn aus Zürich neu errichtete Chororgel auf dem Junkernlektor.

Die Farbverglasung der Kirche ist neuzeitlich. Die Fenster der Südwand gehen auf Stiftungen des 19. Jahrhunderts zurück, das Fenster des Chorscheitels mit der Darstellung der Kreuzigung Christi wurde 1909 von Kaiser Wilhelm II. gestiftet.

Michaeliskirche

Wie die beiden übrigen noch erhaltenen mittelalterlichen Innenstadtkirchen St. Johannis und St. Nicolai ist auch St. Michaelis aus Backstein errichtet. Es handelt sich um eine dreischiffige Hallenkirche von sechs Jochen mit 7/12tel Chorschluss, Westturm und einer Unterkirche im Osten.

1376 erfolgte die Grundsteinlegung und schon 1379 wurde die Unterkirche geweiht. Der Hochchor und die drei östlichen Joche des Langhauses waren 1390 fertiggestellt. Vermutlich fehlender Mittel wegen unterbrach man die Bauarbeiten, setzte sie aber zu Beginn des 15. Jahrhunderts fort. 1418

Auf der Altstadt mit Turm der Michaeliskirche

Chor der Michaeliskirche mit neogotischem Altar

konnte die Schlussweihe der Kirche vorgenommen werden. 1430 begann die Errichtung des Turmes, der jedoch unvollendet blieb. Größere Baumaßnahmen folgten erst wieder im 18. Jahrhundert. Die ursprünglich drei einzelnen Satteldächer über den Schiffen ersetzte man durch ein gemeinsames, die gesamte Kirche überspannendes Dach. Außerdem wurde das oberste Turmgeschoss neu aufgeführt und die elegante Welsche Haube mit Laternenbekrönung aufgesetzt.

Das äußere Erscheinungsbild der Kirche bestimmt an ihren Längsseiten der Rhythmus der eng aufeinanderfolgenden Strebepfeiler, zwischen denen dreibahnige Fenster liegen. Diese Gestaltung ist den Obergadenwänden des Magdeburger Domes verwandt. Das Innere mit den starken Rundpfeilern orientiert sich am Verdener Dom, der auch Vorbild der Lüneburger Johanniskirche war.

Das Besondere an St. Michaelis besteht darin, dass die Kirche ursprünglich eine Klosterkirche war. Schon im 10. Jahrhundert wurde auf dem Kalkberg im Westen der Stadt neben der Burg das Kloster St. Michaelis errichtet, das dem Benediktinerorden übergeben und bald das mächtigste und reichste Ordenshaus in Nordostdeutschland wurde. Als die Burg 1371 von städtischen Kräften erobert worden war, musste auch das Kloster aufgegeben werden. Es wurde innerhalb der Stadt mit der heutigen St. Michaeliskirche als Zentrum neu errichtet. 1548 wurde das Kloster evangelisch. 1655 löste man den evangelischen Konvent auf.

Das Klostervermögen kam einer Schule für junge Adelige zugute, der Ritterakademie. Sie erweiterte das traditionell hoch stehende Schulangebot an St. Michaelis, von dem auch Johann Sebastian Bach als Freischüler von April 1700 bis 1702 profitierte. Ritterakademie und Kloster wurden 1850 aufgehoben. Das gesamte Vermögen fiel an den Hannoverschen Klosterfonds, den die Klosterkammer Hannover verwaltet. Bis heute Eigentümerin der Kirche wendet sie erhebliche Summen für deren Erhalt auf.

Während einer umfassenden Umgestaltung des Kircheninneren in den Jahren 1792 bis 1794, die infolge der Vereinigung von Kirchengemeinde und Garnisongemeinde Lüneburg notwendig wurde, verlor St. Michaelis nahezu vollständig die reiche mittelalterliche Ausstattung. Eine Regotisierung nach 1864 stellte zumindest die ursprüngliche Wirkung des Raumes wieder her. Mittelalterliche Tafelmalerei, darunter die Flügel des berühmten, als „Goldene Tafel“ bezeichneten Hochaltars der Kirche, und ein Teil des Reliquienschatzes werden heute in hannoverschen Museen verwahrt.

Das Retabel des jetzigen Hochaltars mit hoch aufragendem Gesprenge wurde 1866 geschaffen. Es zeigt in Kopie eine Darstellung der Beweinung Christi, Hauptwerk des in Hannover geborenen Malers Wilhelm Rotermund (1826 - 1859). An den Wänden des Chorpolygons hängen Gemälde der vier Evangelisten, 1793 für die Kirche beschafft.

An der Stirnwand des südlichen Seitenschiffs befindet sich die nach 1567 zur Traditionspflege angefertigte, sogenannte Abtswappentafel. Sie zeigt die zum Teil fingierten Wappen der Äbte des Klosters von den Anfängen her und überbringt, teils in Versform, Nachrichten zur Geschichte des Klosters, die allerdings heutigen Erkenntnissen nicht mehr standhalten.

Im westlichen Joch des südlichen Seitenschiffs ist das Epitaph des ersten evangelischen Abtes Herbord von Holle angebracht. Der 1555 verstorbene Abt ist kniend in betender Haltung vor einem Kruzifix dargestellt. Ahnenwappen und Medaillonporträts norddeutscher Reformatoren setzen zusätzliche Akzente.

Das herausragende Kunstwerk ist die Kanzel, 1601/02 von dem Bildhauer David Schwenke (1575 - 1620) aus Pirna in Formen der Hochrenaissance gefertigt. Auf einem Pfeiler, vor dem eine Figur des Apostels

Paulus steht, ruht der architektonisch gegliederte Kanzelkorb, der in seiner heutigen Form auf eine noch im 17. Jahrhundert vorgenommene Erweiterung zurückgeht. Zum ursprünglichen Bestand gehören hingegen die Darstellungen Christi Geburt, Taufe, Kreuzigung, Auferstehung und Jüngstes Gericht. Der späteren Phase entstammen Kartuschen mit Prophetenzitaten sowie die Verkündigung an Maria zu Anfang und eine Trinitätsdarstellung als Abschluss. Die Brüstungsfelder des Kanzelaufgangs zeigen die vier Evangelisten mit ihren Symbolen und zwei Wappendarstellungen aus der Erweiterungsphase. Der Schalldeckel mit einer bekrönenden Figur des Erzengels Michael stammt aus dem Jahre 1865.

Auf einer vor die Westwand des Mittelschiffs gestellten Empore befindet sich die große Orgel. Sie verfügt über einen vollständig erhaltenen barocken Prospekt, also Gehäuse und von außen sichtbare Pfeifen. Sie wurde 1708 von dem Schnitger-Schüler Matthias Dropa aus Hamburg gebaut, der später die Erweiterung der Orgel in St. Johannis vornehmen sollte. Dropas Anlage wurde 1860 weitgehend verändert und romantischem Klangempfinden angepasst. 1931, 1956 und 1998 fanden Veränderungen bzw. Restaurierungen statt, die den barocken Klangcharakter im Kern wiederherstellten.

Die 1379 geweihte Unterkirche ist eine dreischiffige Halle von je vier kreuzrippengewölbten Jochen mit fünfseitigem Chorhaupt. Umfangreiche Restaurierungsmaßnahmen in den Jahren 1894 bis 1898 haben den Raumcharakter in seinen ausgewogenen Proportionen nicht beeinträchtigt. Bemerkenswert sind die Gewölbeschlusssteine, die in qualitätvoller Arbeit zwölf Medaillons mit marianischen sowie christologischen Symbolen und heilsgeschichtlichen Darstellungen zeigen. Die Glasmalerei des Ostfensters schuf 1898 Alexander Linnemann, der die Auferstehung Christi thematisierte.

Die mittelalterlichen Klostergebäude wurden 1711/12 umgebaut. Heute ist nur noch die sogenannte Abtei erhalten, die im Kern den Westflügel des Klosters darstellt.

Ruinen vom Untergeschoss des Ostflügels

Nicolaikirche

Die St. Nicolaikirche ist die jüngste und kleinste der drei heute noch erhaltenen gotischen Kirchen. Sie wurde als Ratskirche gebaut und diente später den ansässigen Böttchern und den von der Schifffahrt lebenden Handwerkern als neues religiöses Zentrum.

Das „Wasserviertel“, wie die Lüneburger Neustadt auch genannt wurde, schöpfte seine Wirtschaftskraft aus dem Ilmenauhafen mit dem Kaufhaus und dem Stintmarkt. St. Nicolaus war der Schutzpatron der Schifffahrt, weshalb die neue Kirche auch diesen Namen erhielt. Schiffer und Böttcher hatten einen Anspruch auf ein freies Begräbnis, und immer mittwochs und samstags wurden Almosen für sie gesammelt.

Die St. Nicolaikirche besteht wie die Johannis- und die Michaeliskirche aus gotischem Backsteinmauerwerk, zeichnet sich jedoch durch einige Besonderheiten aus. Besitzen St. Johannis und St. Michaelis als Hallenkirchen jeweils gleichhohe

Der imposante Ostchor der Nicolaikirche

„Bestrafung des Aegeas“ mit der ältesten Ansicht Lüneburgs (1444)

Haupt- und Seitenschiffe, weist St. Nicolai die basilikale Bauform auf. Das Hauptschiff ragt 28 Meter gen Himmel, stattdessen bringen es die beiden Seitenschiffe nur etwa bis zur Hälfte dieser Höhe.

Die Bauarbeiten an der St.-Nicolai-Kirche begannen wahrscheinlich 1407; zwei Jahre später erhielt sie ihre erste Weihe. Chor und Langhaus waren 1420 relativ rasch vollendet, hingegen entstand der Westturm erst nach 1460. Auf der ältesten Stadtansicht Lüneburgs von 1444, die eine im Chorumgang aufgehängte und ursprünglich zum Altar des Klosters Heiligenthal gehörende Tafel bewahrt, erkennt man die Kirche als kurzen, steilen Bau mit noch nicht fertiggestelltem Westteil. Der Turm konnte schließlich 1587 vollendet werden, es bedurfte aber immer wieder Instandsetzungsmaßnahmen. 1760 schließlich wurde das Glockenläuten wegen statischer Probleme eingestellt, und 1811 zerstörte auch noch ein Blitzeinschlag die Turmspitze.

Tiefgreifende Restaurierungsarbeiten 1845 bis 1853 und 1864 bis 1872 prägten sehr stark das äußere Erscheinungsbild der dreischiffigen Backsteinbasilika. Außerdem musste der Kirchturm 1831 wegen Baufälligkeit abgerissen werden. Ersatz entstand bis 1895 in neugotischer Form und mit einer Höhe von 95 Metern. Dringend erforderlich waren auch Erneuerungen am Außenmauerwerk der Kirche und statische Absicherungen im Inneren.

Im Gegensatz zum Außenbau ist der Innenraum von St. Nicolai noch sehr mittelalterlich geprägt und birgt viele Schätze gotischer Malerei und Schnitzkunst. Da das Mittelschiff doppelt so hoch wie die Seitenschiffe, dabei aber mit einer Länge von 35 Metern relativ kurz ist, hat man den Eindruck eines hochragenden Raumes. Ein für Norddeutschland einmaliges achtzackiges Sterngewölbe überspannt das Mittelschiff.

An das Langhaus schließt sich ohne Querhaus der Chor an. Der matt golden glänzende Hauptaltar dominiert den Binnenchor, um den der erhöhte Chorumgang herumführt. Die räumliche Vereinigung von Chorumgang und Umgangskapellen übernimmt der baltische Kapellenkranz, der auch in St. Marien von Lübeck zu finden ist.

Der vierflügelige Hauptaltar von 1447 und die ihn tragende Predella standen bis 1861 in der St. Lambertikirche, welche heute nicht mehr erhalten ist. Der Altar zeigt geschnitzte und gemalte Szenen aus dem Alten und Neuen Testament und diente den Menschen, die damals des Lesens meist nicht kundig waren, als Bibelersatz. Den Schrein und die Innenseiten der inneren Flügel füllen 20 geschnitzte Szenen aus dem Leben Jesu, von der Verkündigung bis zur Ausgießung des Heiligen Geistes. Diese fertigte der Lüneburger Bildschnitzer Hans Snitker d. Ä. um 1440. Die im geschlossenen Zustand sichtbaren Flügelbilder, die das Leben von Heiligen und Märtyrern, die Opferung Isaaks und die Kreuzigung darstellen, schuf der Hamburger Maler Hans Bornemann in den Jahren 1456 bis 1458. Auf der Predella sind die Propheten Moses, Jesaia, Baruch, Jeremia, Hosea und Micha zu erkennen. Mit Ausnahme der Passionszeit ist der Altar stets geöffnet.

Der Vorgänger des heutigen Hauptaltars, der sogenannte Heiligenthaler Altar, fand im Chorumgang einen neuen Platz – allerdings als einzelne Tafeln und Reliefs. Eine der 18 Bildtafeln – sie werden ebenfalls Hans Bornemann zugeschrieben – zeigt vor goldenem Hintergrund die bereits erwähnte älteste Stadtansicht Lüneburgs. Einen weiteren Blick auf die Stadt gewährt die Tafel links vom Chorfenster, die auf die Begegnung Abrahams mit Melchisedek verweist.

Unter dem Binnenchor liegt der älteste Teil der Kirche: die sechseckige Krypta. Drei tiefe Nischen an den westlichen Seiten dominieren den mit einem Sterngewölbe umspannten niedrigen Raum. Er wird von einer in der Mitte stehenden Backsteinsäu-

Hauptaltar von St. Nicolai

le getragen, deren Fuß und deren Kapitell aus Gips sind. Drei Stichbogenfenster vom Chorumgang lassen das Tageslicht auch in die Kapelle.

Viele Kirchenschätze wurden Opfer der fortdauernden Baufälligkeit. Die 18 Nebenaltäre sind nicht mehr vorhanden und auch die Kanzel von 1576, die mit Figuren von Reformatoren geschmückt war, fehlt. Erhalten blieb jedoch unter anderem das vom Lüneburger Glockengießermeister Ulricus hergestellte Bronzetaufbecken (um 1325). Es gehörte ursprünglich in die Cyriacuskirche am Fuße des Kalkbergs, die 1639 abgerissen wurde. Ein Nebenaltar in der südlichen Umgangskapelle zeigt eine dreifigurige Kreuzigungsgruppe vom Lüneburger Bildschnitzer Volkmer Klovesten. Die Maria aus dieser Gruppe wurde 1979 gestohlen. Ein weiteres Kunstwerk vom Bildschnitzer Snitker ist an der Abschlusswand des nördlichen Seitenschiffs zu sehen: ein vermutlich aus St. Lamberti stammendes Holzkruzifix von 1470. Die 1899 von Philipp Furtwängler gebaute romantische Orgel mit ihrem neugotischen Prospekt wurde 1980 restauriert.

234 Stufen führen auf den Turm hinauf, vorbei an der 1491 von Gerhard van Wou gegossenen Marienglocke, der wertvollsten Glocke Lüneburgs.

Am Sande

Der frühere Warenumschlagplatz dient heute vor allem als Veranstaltungsort beliebter Stadtfeste. Die größte Freifläche der Altstadt – 225 Meter lang und 35 bis 40 Meter breit – begrenzen, nicht genau in der Achse liegend, die St. Johanniskirche im Osten und das IHK-Gebäude im Westen. Der Name „Am Sande" rührt daher, dass der Untergrund früher tatsächlich nicht gepflastert war. Heute gilt der Platz vor allem aufgrund der sich zu beiden Längsseiten aneinanderreihenden Backsteingiebel aus verschiedenen Stilepochen als einer der eindrucksvollsten mittelalterlichen Plätze Deutschlands. Die Bürgerhäuser liefern den sichtbaren Beweis für die wirtschaftliche Blüte Lüneburgs im 15. und 16. Jahrhundert.

Während vor allem Backsteinwohnhäuser an den Hauptstraßen stehen, finden sich Fachwerkhäuser überwiegend im Bereich der westlichen Altstadt sowie auf den Hinterhöfen. Der Backstein hat die Stadt vor schweren Bränden bewahrt und sich um 1300 in Lüneburg als Baumaterial durchgesetzt. Am Sande 50 steht wahrscheinlich das älteste erhaltene Bürgerhaus. Sein Hofgiebel wird auf 1300 datiert.

Auch um 1400 war eine reiche Bautätigkeit in Lüneburg zu verzeichnen, jedoch sind nur wenige Häuser erhalten geblieben. Das liegt vor allem daran, dass der zu jener Zeit als Baustoff benutzte und unkorrekt verarbeitete Gipsmörtel aus dem Kalkberg im Laufe der Jahre sein Volumen vergrößerte und dadurch das Mauerwerk zerstörte. Ab 1500 vermischten sich oft gotische Formen mit Elementen aus der Renaissance an ein und demselben Bau. Um 1600 verlor sich diese selbstständige Entwicklung der Lüneburger Architektur.

Noch heute lässt sich an den Fassaden und an den Giebeln die Entwicklung des Formgefühls der Lüneburger erkennen. Die Giebel, meist zur Straßenseite zeigend, sind mit Rosettensteinen, Überdecksteinen in Kleeblattbogenform oder ornamentalen Friessteinen geschmückt. Die Glasuren reichen von grün und braun bis fast schwarz. Insbesondere ab dem 15. Jahrhundert wurden die Fassaden durch verschiedene Formsteine, waagerechte Friese und Terrakottenreliefs feingliedriger. In der zweiten Hälfte des 15. Jahrhunderts verschwanden die senkrechten Blendengliederungen, die

Staffelgiebel Am Sande 46

Luken wurden nur noch durch kleine Pfosten geteilt. Im Giebeldreieck hielt der Kreis als Schmuckelement über jeder Öffnung Einzug.

Charakteristisch für diese Zeit, die bis zum Ende des 16. Jahrhunderts reicht, ist auch die Verwendung von Taustein. Oft existieren zwei bis drei breite Tausteinschichten zwischen den Pfeilern. Ab Mitte des 16. Jahrhunderts wurden die Fassaden im Stil der Renaissance zusätzlich durch Medaillons mit Köpfen und durch andere Figuren gestaltet. Zum Ende des Jahrhunderts kamen Utluchten verstärkt in Mode. Die zu ebener Erde erkerartig zur Straße weisenden und vorwiegend aus Fenstern bestehenden Vorbauten unterstützten die Beleuchtung des Inneren. Barock geschwungene Giebel in Volutenform sind für diese Zeit typisch.

Die Lüneburger Architektur weist vor allem zwei Giebelformen auf: Dreiecksgiebel und Staffelgiebel. Der ältere der beiden ist der Dreiecksgiebel. Seine Flächen sind entweder glatt oder durch Lichtöffnungen durchbrochen. Auch senkrechte spitzbogige Blenden sind kennzeichnend. Der Staffelgiebel besitzt eine Staffel über jeder senkrechten Nische. Eine plastischere Perspektive bieten hier Formsteine, die den senkrechten Pfeilern vorgelagert sind und unter den Staffeln in viereckigen Rahmen beziehungsweise spitzbogig aufeinandertreffen. Im Laufe des 16. Jahrhunderts bevorzugten die Patrizier für ihre Bauten anstelle der stark der Witterung ausgesetzten Staffelgiebel die Sandsteingliederung; man entfernte sich von der Giebelbauweise und favorisierte traufenständige, symmetrische Häuser.

Auf dem Platz Am Sande kann man die wechselhafte Baugeschichte Lüneburgs sehr anschaulich nachvollziehen. Das aus der ersten Hälfte des 16. Jahrhunderts stammende **Haus Am Sande 6/7** gehörte zu den privilegierten Backhäusern. Deren Besitzer durften Brot backen und feilbieten. Ihren Wohlstand demonstriert nicht zuletzt der noch gut erhaltene siebenachsige Treppengiebel. Breite Friese trennen etagenweise die jeweils in einer Reihe angeordneten flachbogigen Luken, während gekuppelte Blenden die Betonung der Staffeln übernehmen.

Einen Giebel aus der zweiten Hälfte des 15. Jahrhunderts besitzt das **Haus Am Sande 8**. Kreisblenden über den Luken und gedoppelte Bogennischen, die unter den Staffeln viereckig gerahmt sind, bestimmen die Gestaltung. Als sogenanntes Nebenhaus gehört das kleine Nachbargebäude (Nr. 8a) mit dem etwas jüngeren sechsstufigen Treppengiebel dazu. Der fünfteilige Giebel am Haus **Nummer 10** stammt aus der ersten Hälfte des 16. Jahrhunderts. Die Friese sind verputzt, und auch hier findet man gedoppelte Nischen unter den Staffeln. Die Luken sind stichbogig.

Platz Am Sande

Ehemaliger Patrizierhof Am Sande 30/31

Am Sande 43/44

Ein barocker Treppengiebel mit den typischen Volutenlinien ragt **Am Sande 16** in die Höhe. Er stammt aus dem Jahre 1760, im Kern jedoch schon aus dem 15. Jahrhundert. Die Segmentbekrönung ging verloren, doch verweisen das Rankenwerk und die Wappen an den zwei Beischlagwangen seitlich der rundbogigen Tür auf die Zeit der Gotik. Diese Wangen waren Teil der einst zum Eingangsbereich gehörenden Sitzbänke und besaßen eine Höhe von etwa drei Metern. Deutlich hervor ragen die Utluchten. In den Stufenzwickeln findet man Voluten.

Das Haus **Nummer 20** hat einen kleinen, vierteiligen Giebel mit Taustabprofilen. Die Beischlagwangen mit dem Rankenwerk stammen hier jedoch erst aus dem 18. Jahrhundert.

Der ehemalige Patrizierhof **Am Sande 30/31** wurde im Laufe der Jahrhunderte mehrfach verändert. Das Haupthaus geht im Kern bis ins 14. Jahrhundert zurück und besitzt eine barock umgestaltete große Diele. Auf dem massiven Bau erhebt sich seit 1608 ein zweites Obergeschoss in Fachwerk. Eine Durchfahrt ermöglicht den Zugang zu einem der schönsten Hinterhöfe Lüneburgs, gebildet aus weiteren Nebengebäuden mit an Knaggen, Balkenköpfen und profilierten Schwellen reichem Fachwerk und dem Festsaalflügel mit Sandsteinwappen. Zum Anwesen gehörten ursprünglich auch die Gebäude Papenstraße 2 bis 4.

Auf dem Eckgrundstück zur Straße Am Berge erhebt sich die imposante Gebäudegruppe **Nummer 43/44**. Das Giebelhaus erhielt in der ersten Hälfte des 16. Jahrhunderts den Backsteinanbau als Seitenflügel. Dieser erfuhr jedoch mit der Zeit sehr starke Veränderungen.

Am Sande 1 und 2

Die imposanten fünfteiligen Stufengiebel der Häuser Am Sande 52 und 53

Der Giebel **Am Sande 46** stammt aus der zweiten Hälfte des 15. Jahrhunderts und besticht vor allem mit den halbrunden, grün glasierten Pfeilern. Rosetten schmücken die Bereiche über den Luken.

Den ältesten erhaltenen Giebel der Salzstadt besitzt das Haus **Am Sande 50**. Zwar wurde die zum Platz zeigende Fassade um 1800 umgestaltet, aber der heute staffellose Hofgiebel stammt mit seinen Zwillingsluken aus der Erbauungszeit um 1300. Leider führten bauliche Maßnahmen in den zurückliegenden Jahren dazu, dass man keinen Blick mehr auf das Kleinod werfen kann.

Am Sande 53 bewahrt der **ehemalige Ratsbierkeller** einen fünfteiligen Stufengiebel, der spätestens aus der ersten Hälfte des 15. Jahrhundert stammt. Die profilierten Pfeiler reichen bis hinunter zum Dielengeschoss. Auch die Teilungspfosten der gekuppelten Öffnungen sind in ganzer Höhe durchgehend. Der erhaltene Aufzugsausleger diente dazu, die Waren in die oberen Geschosse und durch die Ladeluken in die Speicherböden zu bringen.

Mit dem Renaissancebau von 1548 erhebt sich **Am Sande 1** eines der eindrucksvollsten Gebäude Lüneburgs. Früher war es ein Brauhaus, dann eine Gastwirtschaft und später in den Händen eines Einzelhändlers beziehungsweise der Staatsbank. Seit dem Zweiten Weltkrieg hat hier die Industrie- und Handelskammer ihren Sitz.

Auf dem dreigeschossigen Unterbau mit Utluchten ruht ein besonders imposanter siebenteiliger Staffelgiebel. Die Teilung der Geschosse übernehmen verputzte, mit Taustäben besetzte Friese. Seinen Charakter erhält der Giebel durch dunkel gestrichene Backsteine und farbig glasierte Terrakottamedaillons, die sich in den Bogenzwickeln der Geschossblenden und auf den Friesen befinden. Auch zur Grapengießerstraße hin beeindruckt das Haus mit dieser Blendarchitektur. Das kleinere Nebengebäude (Am Sande 2) zeigt ähnliche Schmuckelemente.

Alte Ratsapotheke

Alte Ratsapotheke

Die Alte Ratsapotheke befindet sich in der Großen Bäckerstraße 9 und zeichnet sich durch ihre reich gestaltete Renaissance-Fassade und ihren historischen Innenraum aus. Bis zum Ausgang des Mittelalters befanden sich die Lüneburger Apotheken in Privatbesitz, gingen dann an die Stadt über und wurden von einem Ratsapotheker verwaltet. 1827 war diese Regelung wieder aufgehoben.

Mit seinem Apothekenneubau von 1598 und dessen noch gotischen Formen nachempfundenen Staffelgiebel wollte wohl der Rat den modernen Bürgerhäusern die traditionelle Bauweise entgegenstellen. Auf einem dreigeschossigen Unterbau steht der neunteilige Staffelgiebel, verbunden durch ein kräftiges Gesims mit einer Inschrift. Die Staffeln sind mit Steinplatten abgedeckt und haben gekuppelte Nischen. Anstelle der Friese ist der Giebel horizontal von Steingesimsen durchzogen.

Besonders auffallend und ganz im Stile der Renaissance zeigt sich hingegen das überaus schmuckreiche und farbenfrohe Portal von Marten Köler. Der ornamentierte Rundbogen ruht auf zwei Hermen. Über dem Bogen liegt ein kräftiges Gesims, und es scheint, als würde es die beiden das Stadtwappen haltenden Löwen tragen. Die Zwickel zwischen Gesims und Rundbogen besetzen zwei weibliche Figuren, die eine mit einem Hund, die andere mit einem Affen. Diese Tiere verkörpern die wohl für einen damaligen Apotheker wichtigsten Sinne: Geruch und Geschmack.

Marktplatz

Im Mittelalter war der Marktplatz einer der wichtigsten öffentlichen Bereiche in einer Stadt, schon äußerlich dadurch gekennzeichnet, dass mehrere Straßen auf ihn zuliefen. Vorrangig diente er dem Warenaustausch auf Wochen- und Jahrmärkten, die sowohl von auswärtigen Kaufleuten als auch von einheimischen Händlern und Handwerkern beschickt wurden. Der Markt war aber auch zentraler Versammlungsort der Bürgerschaft zu verschiedenen Anlässen. Man kam im Schatten des Rathauses zusammen, das üblicherweise am Markt stand und in dessen Nähe sich Einrichtungen städtischer Hoheit und Gerichtsbarkeit, wie Stadtwaage oder Pranger, befanden.

Wenn sich auch die Erscheinungsformen geändert haben und die Zeiten erst recht – zentraler Ort ist der Marktplatz einer alten Stadt bis heute geblieben. Das gilt auch für Lüneburg. Regelmäßig ist mittwochs und sonnabends Markttag: Das geschäftige, gelegentlich malerische Treiben lässt sich am besten von den Fenstern des Rathauses aus beobachten.

Der Lüneburger Marktplatz, in den sechs aus allen vier Himmelsrichtungen kommende Straßen münden, lässt sich gleichsam als Ort ansehen, an dem sich bestimmte Aspekte der Stadt- und Architekturgeschichte verdichten.

Die Westseite des Platzes beherrscht die barocke Rathausfassade aus dem Jahre 1720, die ihre heutige Gestalt durch Umbauten in den 1860er Jahren erhielt und mittelalterliche Bauteile in sich birgt. Sie suggeriert ein einheitliches Erscheinungsbild, das sich verliert, wenn man von einer der Seitenstraßen auf das Rathaus blickt.

Die gesamte Nordseite des Marktplatzes wird von dem ehemaligen Schloss der welfischen Herzöge eingenommen, in dem

Figur auf dem Marktbrunnen

heute das Landgericht untergebracht ist. Das Schloss wurde 1693 bis 1696 von dem italienischen Baumeister Domenico Antonio Rossi nach französischem Vorbild als Dreiflügelanlage errichtet. Auftraggeber war Herzog Georg Wilhelm, Regent des Fürstentums Lüneburg mit Sitz in Celle. Er hatte fünf am Markt gelegene Patrizierhäuser gekauft, um an deren Stelle den neuen Repräsentationsbau aufführen zu lassen. Rossi integrierte einzelne Mauern dieser Häuser in seine Architektur. Das dreigeschossige, schlichte Schloss weist mit seiner Hauptfassade zum Markt. Vor dem Portal, das von zwei Säulen mit Gebälk eingefasst ist, liegt eine große Freitreppe. Westlich des Schlosses steht der zugehörige Küchenpavillon.

Von 1705 bis 1717 diente die Anlage der Herzogin Eleonore d'Olbreuse als Witwensitz. In den folgenden Jahren nur sporadisch genutzt, wurde dem Schloss wenig Pflege zuteil. Ab 1871 diente es als Kaserne, 1877 entstand im Erdgeschoss ein Offizierskasino. Nach dem Ersten Weltkrieg zog 1925 das Landgericht und zugleich das Amtsgericht ein, das inzwischen im ehemaligen Regierungsgebäude am Ochsenmarkt untergebracht ist. Von der einst reichen Ausstattung hat sich nichts erhalten. Nur einige von dem Italiener Jacopo Perinetti geschaffene Stuckdecken, mittlerweile sorgfältig restauriert, geben Zeugnis von der früheren barocken Pracht.

Mit der Errichtung des Schlosses direkt am Markt, dem Rathaus schräg gegenüber, demonstrierte der Herzog seinen Machtanspruch. Ab 1639 wieder eine landsässige Stadt, war Lüneburg von den einstigen Freiheiten wenig geblieben. Der Herzog gewann eine Position zurück, die er 1371 hatte aufgeben müssen. Krönender Abschluss dieses Umkehrungsprozesses war die Benutzung von Architektur als Machtsymbol. Rathaus und Schloss verdeutlichen die wichtigsten Grundlinien der Stadtgeschichte: Emanzipation vom Landesherrn im späten Mittelalter und gegenläufige Entwicklung mit Anfängen im 16. Jahrhundert.

Neben dem Schloss, schon zum Ochsenmarkt gehörig, liegt das Heinrich-Heine-Haus. Hartwig von Witzendorf ließ in den 1560er Jahren das Gebäude als reinen patrizischen Repräsentationsbau unter Einbeziehung älterer Bausubstanz errichten. 1822 bis 1826 bewohnten es die Eltern des Dichters Heinrich Heine. Während aufwendiger Restaurierungsarbeiten in den 1980er Jahren kamen wertvolle gemalte Innendekorationen aus dem 17. bis 19. Jahrhundert ans Licht. Das Haus dient heute in erster Linie kulturellen Zwecken.

Süd- und Ostseite des Marktplatzes bieten mit ihren Bauten eine komprimierte Lüneburger Architekturgeschichte. Die historistischen Fassaden der Eckhäuser „An den Brodbänken" und „An der Münze", beide im ausgehenden 19. Jahrhundert entstanden, veranschaulichen denkmalpflegerisches Bemühen, Lüneburg als Renaissancestadt erscheinen zu lassen. Das überdimensionierte Eckhaus zur Großen Bäckerstraße ist geradezu ein Musterbeispiel für die Architektur der „Hannoverschen Schule", einer Baurichtung, die ab Mitte des 19. Jahrhunderts in ganz Norddeutschland eine bedeutende Rolle spielte. Häuser dieser Art sind

Heinrich-Heine-Haus

Herzogliches Schloss auf dem Markt

im Stadtbild sehr viel häufiger vertreten, als man vermutet; aufmerksames Betrachten der Innenstadtbebauung wird diesbezüglich Aufklärung geben. Das Nebenhaus erscheint als „klassischer" Lüneburger Backsteinbau mit Staffelgiebel. Der Giebel stammt aus dem 16. Jahrhundert, also aus der Renaissancezeit, die Fassade ist dagegen in der Barockzeit verändert worden, vor allem durch das Einfügen großer Fenster.

Ohnehin sind Veränderungen der Fassaden für viele Häuser der Stadt charakteristisch. Damit wollte man Modernität beweisen, ohne – aus Kostengründen – die gesamte Bausubstanz zu erneuern. Beispiel dafür ist auch das sich westlich anschließende, blau gestrichene Haus mit seiner einheitlichen Front des Klassizismus. Der Markt bietet aber gleichfalls Elemente neuzeitlicher Kaufhaus- und anderer Funktionsarchitektur. Möglicherweise gibt es in Lüneburg keine andere Stelle, an der sich besser zeigen ließe, wie aus den einzelnen Beiträgen vieler Epochen ein lebendiges Ganzes entstanden ist, das seine Reize aus Vielfalt und Großzügigkeit bezieht.

Als letzter Bereich der Altstadt entstand im 13. Jahrhundert das sogenannte Wasserviertel mit dem Hafen. Alter Kran und Kaufhaus, Bürgerhäuser und Speicher sowie Lüner Mühle und Abtswasserturm prägen das beschauliche Ambiente an der vorbeifließenden Ilmenau.

Alter Kran

Der „Alte Kran" – Lüneburgs heimliches Wahrzeichen – war seit dem Mittelalter vor allem für die Verladung von Ostseeheringen und dem Salz aus der Saline unentbehrlich. Der Am Fischmarkt befindliche Kran taucht in den Quellen erstmals 1346 auf. Nach einigen Umbauten 1482 stellte ihn Molemester Hinrick 1537 auf vier große Eisenplatten. Der Zimmermann G. P. Hintze gab dem Kran 1797 seine heutige Gestalt nach mittelalterlichem Vorbild. Äußerlich wirkt er eher zweckmäßig. Im Inneren befinden sich zwei große Treträder. Sie wurden von bis zu acht Menschen angetrieben, wodurch sich die Ketten der Aufzugsvorrichtung bewegten. Der Kran war ein Meisterwerk mittelalterlicher Ingenieurskunst.

Kaufhaus

Kran und Kaufhaus sind durch die Verladung von Waren eng miteinander verbunden. Das Kaufhaus kannten die Lüneburger bis ins 15. Jahrhundert hinein unter dem Namen „Dat

Der von Zimmermann G. P. Hintze 1797 gebaute alte Kran

Heringshus", denn Ostseeheringe gehörten zum wichtigsten Handelsartikel im mittelalterlichen Lüneburg. Im Kaufhaus lagerten Waren einheimischer, aber auch auswärtiger Kaufleute, die ihre Produkte drei Tage lang in der Stadt anbieten mussten.

Ein durch den berüchtigten Lüneburger Feuerteufel Herbert Rademacher verursachter Brand vernichtete 1959 das Kaufhaus. Lediglich die barocke Schaufassade, 1741 bis 1745 unter Federführung des Stadtbaumeister Haeseler errichtet, blieb erhalten. Der sich dahinter erhebende Neubau wurde bis Ende 2009 unter Beibehaltung der Proportionen des Vorgängers neu aufgeführt und darin ein Hotel eröffnet. Weiterhin prägt der barocke Voluten-Giebel das Antlitz des Gebäudes. Das Untergeschoss gliedern vier dorische Pilasterpaare, die in einem Triglyphengesims als Teilung zum oberen Geschoss münden. Auf dem Gesims stehen abermals zwei ionische Pilasterpaare. Sie schließen in der Mitte ein rundbogiges Fenster sowie ein Stadtwappen ein. Den krönenden Dreieckgiebel durchbricht ein Dachreiter mit Kupferhaube.

Stintmarkt

Dem Stint, einem kleinen, silberglänzenden und heringsförmigen Lachsfisch verdankt der Platz seinen Namen. Romantisch an der Ilmenau gelegen, verbreitet der Stintmarkt mit den vielen Kneipen und Cafés vor allem im Sommer ein südländisches Flair. Doch der Platz zeichnet sich auch durch stattliche Giebelhäuser aus.

Besonders sehenswert ist das Haus Nummer 7, dessen ehemaliger Renaissancegiebel zu einem Schweifgiebel mit

Mediterrane Gelassenheit in den Freiluft-Restaurants Am Stintmarkt

Kaufhaus

ädikulaartiger Luke barock umgestaltet worden ist. Dem spitzbogigen Portal mit Rundstabprofil wurden erst 1980 die beiden nicht ursprünglich zugehörigen Beischlagwangen angefügt.

Das Haus Am Stintmarkt 9 fällt durch sein hohes Dielengeschoss mit Utlucht auf. Es scheint von dem schweren barocken Volutengiebel mit Ädikula fast erdrückt zu werden. Über der hohen geteilten Diele des Gebäudes Am Stintmarkt 10 beeindruckt der Renaissancegiebel aus dem 16. Jahrhundert. Spitzbogig überwölbte Nischen werden umfasst von Rundstäben und Friesen in Tausteinrahmen. Die Staffeln sind mit Kreisblenden geschmückt.

Viskulenhof

Direkt am Hafen, an der Salzstraße am Wasser, steht der Viskulenhof mit seiner rauhen Fassade, die alte Hafenatmosphäre ausstrahlt. Einige sagen, dass er seinen Namen aufgrund stromaufwärtsziehender Lachse erhalten hat, die eine kuhlenartige Vertiefung („Fischkuhle") in der Ilmenau als Ruhezone nutzten. Tatsächlich aber geht der Name auf das Patriziergeschlecht der Viskulen zurück, die dort ihr Anwesen errichteten. Seine vornehmen Akzente kann man heute noch an den Fenstern und an Wappenschildern erkennen.

Am Stintmarkt 7

Historischer Speicher vom Viskulenhof

Das vor 1475 entstandene Gebäude war Handelshof, Wohnhaus und Salzspeicher. Im Hof befand sich eine Kapelle mit eigenem Priester und einem Glockenturm. 1485 verschuldete sich jedoch die einst so wohlhabende Patrizierfamilie, sodass das Gebäude verkauft werden musste. Daraufhin wurde es zum größten Salzspeicher der Stadt umgebaut. Später diente der Viskulenhof verschiedenen Zwecken: als Getreidespeicher, als Brauerei sowie im Zweiten Weltkrieg als Waffenlager. Seit 2011 wird in der Nachbarschaft gebaut und auch der Speicher soll saniert werden.

Abtsmühle mit Abtswasserturm

Als Geschenk Heinrichs des Löwen kam die Abtsmühle – eine der „neddersten Molen“ – Mitte des 12. Jahrhunderts an den Abt des Michaelisklosters. Im 14. Jahrhundert ging der Besitz als Lehen an eine Lüneburger Ratsfamilie. Im Laufe der Zeit hat die Mühle viele bauliche Veränderungen erfahren. Ihre heutige Form geht auf das Jahr 1880 und Heinrich Behr zurück.

Neben der Mühle erhebt sich die 1530 errichtete Abtswasserkunst, ein fünfgeschossiger, mit Halbwalm überdachter und leicht geneigter Turm. Er wurde auf Initiative von 24 Brauern errichtet, die zuvor mit dem Mönchskonvent vom Kloster St. Michaelis einen Vertrag abgeschlossen hatten. Darin verpflichteten sich die Brauer, die Benediktiner mit Wasser zu versorgen und als Hauptnutzer den größten Teil der Baukosten zu übernehmen. Die Anlage speiste öffentliche Brunnen und Privathäuser. Mittels eines Sammelbehälters und eines Fallrohres, durch welches das Wasser in die Leitung gedrückt wurde, erhielt Lüneburg das kostbare Nass. Der Abtskunstwärter, der im Turm wohnte, hielt zusammen mit einem Meister und einigen Knechten die aufwendige Anlage instand.

In der Mühle wurde noch bis 1995 Mehl hergestellt. Heute gehört das Gebäudeensemble am Stintmarkt zu einem Hotel.

Der Abtswasserturm mit Stintmarkt im Hintergrund

Lüner Mühle

Am Fischmarkt 1 steht die 1391 erstmals erwähnte Lüner Mühle. Das einst zum Kloster Lüne gehörende zweigeschossige Fachwerkgebäude mit Krüppelwalmdach stammt von 1576 und wurde 1983 nach einem Brand wieder hergerichtet. Das vorkragende Obergeschoss ruht auf profilierten Konsolen und besitzt gekrümmte Kopf- und Fußbänder. Die Fächer sind mit Ziegelmustern ausgemauert. Durch die an der Landseite des Hauses noch erhaltenen übereinander angeordneten Aufzugsluken wurde mittels eines Auslegers das Getreide in die Mühle gebracht. Das Wasserrad, das die Mahlsteine antrieb, ist heute jedoch nicht mehr vorhanden.

Alle Bauern, die vom Kloster Lüne abhängig waren, haben hier ihr Korn mahlen lassen. Es wurde durch einen Trichter geschüttet und anschließend von den Steinen zu Mehl gemahlen. Nur die Grundherren hatten das Recht, eine Mühle zu erbauen und zu unterhalten.

Da die Arbeit des Müllers extrem vom Wetter abhängig war, weil die Räder bei gefrorenem Wasser oder zu niedrigem Wasserstand nicht laufen konnten, durfte er Tag und Nacht und an Sonn- und Feiertagen arbeiten. Er und seine Gesellen zählten, wogen und registrierten die Kornsäcke, transportierten sie auf den Speicher, schütteten ständig Korn nach und füllten beziehungsweise wogen das gewonnene Mahlgut ab.

Infolge des Dreißigjährigen Krieges und durch Hochwasser nahm die Lüner Mühle über die Jahrhunderte schweren Schaden. Dennoch wurde bis 1970 Futtermehl produziert. Seit den 90er Jahren gehört die reizvoll gelegene Anlage zum benachbarten Hotel.

Lüner Mühle (links) und Abtswasserkunst mit Abtsmühle (rechts)

Die romantisch an der Ilmenau gelegene Ratsmühle

Ratsmühle

Im Eintrittsgebiet der Ilmenau in die Stadt wurde 1597 die Ratsmühle errichtet. Sie liegt im Gegensatz zur Abtsmühle und zur Lüner Mühle etwas flussaufwärts und zählte somit früher zu den „obersten molen". Der Lüneburger Rat erwarb im 15. Jahrhundert das Mühlenareal, das zuvor den Herzögen von Braunschweig-Lüneburg gehörte.

Die Ratsmühle diente der Getreideversorgung, die um 1600 ein eigens dafür eingesetzter Ratsmühlenmeister sicherzustellen hatte. Ihm unterstanden mehrere Müllerburschen. Sie mussten die Mahlsteine nachschleifen, schmierten Apparaturen und ersetzten verschlissene Teile. Auch versorgten sie die Pferde und Schweine der üblicherweise zur Mühle gehörigen kleinen Landwirtschaft. Der Meister, der übrigens auf dem Mühlengelände wohnte, hatte indes als gelernter Zimmermann das Gebäude instand zu halten und jeden Abend zur Sicherheit den Sperrbaum auf der Ilmenau abzuschließen. Außerdem verwaltete er die Getreideverkäufe. Für seine Arbeiten erhielt er neben seinem Lohn auch Korn.

Im 19. Jahrhundert wurde zwar das Gelände an einen Privatunternehmer verkauft, die Mühle mahlte jedoch noch bis zum Zweiten Weltkrieg Getreide.

Reihenhaus auf dem ehemaligen Armenhof Roter Hahn

Stift Roter Hahn

Auf Initiative eines Ratsangehörigen entstand das Stift Roter Hahn, das als letzter erhaltener Armenhof Lüneburgs in der Rotehahnstraße 14 bis 19 zu finden ist. Zur Straße stehen zwei mehrgeschossige Giebelhäuser von 1576 (Nr. 19) beziehungsweise von 1596 (Nr. 14). Auf massivem Erdgeschoss erhebt sich jeweils eine Fachwerketage mit kräftig ausgebildeten Fußhölzern. Der Fachwerkgiebel darüber ruht auf Volutenknaggen leicht vorkragend.

Beide Häuser verbindet eine übergiebelte Durchfahrt, die den Zugang zum malerisch wirkenden Hof mit mehreren kleinen eingeschossigen Buden ermöglicht. Vier von ihnen – Nummer 15 bis 18 – entstanden aus Backstein und sind als Reihenhäuser unter einem gemeinsamen Dach vereint. In die Wohnungen führen mit Taustein überspannte Türöffnungen.

Die Anlage bot einstmals 20 Hilfsbedürftigen unentgeltlich Unterkunft. Zum Wohnraum zählten eine Diele mit Küche und Schlafecke im hinteren Bereich sowie eine Stube. Eine einfache Treppe führte auf den Dachboden.

Das bescheiden anmutende Stift Roter Hahn unterschied sich architektonisch erheblich von den großen Stadtspitälern. Im 15. Jahrhundert wurden derartige Stiftungen durch einzelne Bürger, Gilden oder Handwerksvereinigungen immer häufiger errichtet. Die Beweggründe waren wohl weniger Barmherzigkeit als vielmehr die Angst um das eigene Seelenheil, denn die Stifter erwarteten von den Armen, dass diese sie in ihre Gebete einschlossen und vor Gott gut über sie sprachen. Deshalb durften vorzugsweise fromme Mittellose in den Buden wohnen.

Auch zur Zeit leben in dem Gebäude bedürftige Menschen, sodass der Rote Hahn seinen sozialfürsorglichen Charakter bis heute bewahrt.

Am Berge

Den Platz Am Sande und die Abtsmühle verbindet die Straße Am Berge mit bemerkenswerten Giebelhäusern aus dem 14. bis 17. Jahrhundert.

Während das Haus **Am Berge 4** aus dem Jahre 1599 seinen kleinen Dreiecksgiebel mit stufenförmiger Ausbildung von Ecken und Spitze noch bewahrt, hat das Nachbarhaus **Am Berge 5** mittlerweile die Staffeln seines prächtigen siebenteiligen Giebels eingebüßt. Ein Kaufmann ließ sich zwischen 1450 und 1470 das breit ausladende Haus errichten, bemüht den Schmuckformen der Patrizierbauten in nichts nachzustehen. Die Pfeiler besitzen Rundbogenprofil, die gekuppelten Nischen in den Giebelblenden kleeblattförmige Überdecksteine und Rosetten. Über dem Erdgeschoss mit Utlucht erheben sich Ober- und Dachgeschosse mit großen von Zwillingsfenstern begleiteten Ladeluken in der Mittelachse.

Durch sein auf profilierten Knaggen vorkragendes Fachwerkgeschoss besticht das Haus **Am Berge 25** aus dem Jahre 1620. Ganz anders zeigt sich hingegen der zweigeschossige, glatte Ziegelbau **Am Berge 27/28** aus dem 18. Jahrhundert. Das Rundbogenportal mit schräger gequaderter Laibung wird von zwei gemauerten Pilastern eingefasst. Über dem Gebälk befindet sich eine stichbogige Bekrönung.

Das Brömsehaus Am Berge 35 ist eines der besterhaltenen und ältesten Patrizierhäuser Lüneburgs. Umfangreichen und liebevollen Restaurierungsarbeiten ist es zu verdanken, dass dieses Werk hansischer Backsteinkunst heute noch so besteht.

Einen Blickfang am einstigen Stammhaus der Sülfmeisterfamilie Brömse bildet das reich profilierte gotische Portal mit spitzbogiger Tür. Der durch Rundbogenpfeiler gegliederte Straßengiebel ist inzwischen stark verändert, hingegen überrascht der zum Hof weisende, aufwendig mit Stichbogenblenden und Tausteinen gestaltete Dreistaffelgiebel: Nach dendrochronologischer Untersuchung entstand er 1467 und blieb fast so erhalten. Seine höchste Staffel gehörte dem Schornstein, der den Heizungsrauch aus Küche und Keller abführte.

Die Diele gibt noch das Bild der alten Wohnkultur wieder und kann nach Absprache besichtigt werden. Dabei können Besucher sämtliche Stilrichtungen der Baugeschichte entdecken. Gotische Elemente finden sich beispielsweise an den Ziegelplatten des Fußbodens und der Balkendecke, während Treppen, Galerien und Fenster aus der Zeit der Renaissance und des Barock stammen. Der Abdruck einer Katzenpfote an der Tür zum Flügelbau sowie die Schreckfratzen am hinteren Dielenfenster sollten früher das Böse fernhalten und liefern heute Zeugnis vom abergläubischen Brauchtum, das bis ins 19. Jahrhundert hinein anhielt.

Modernität durch Traufenstellung – dies wollte wohl der Besitzer des dreigeschossigen Patrizierwohnhauses **Am Berge 37** demonstrieren. Denn hinter der Fassade von 1568 verbirgt sich ein älteres Giebelhaus. Die Straßenfront zeigt zudem seinerzeit aktuelle Schmuckelemente. Dorische Halbsäulen betonen die Hausecken. Auch die Durchfahrt ist von Säulen flankiert, die das Triglyphengebälk und den Dreiecksgiebel tragen. Prunkvoll gibt sich ebenso der rundbogige Hauseingang. Hier ruht das Gebälk auf hermenartigen Karyatiden mit Früchtekörben. Zwei Figuren – „Pax“ und „Justitia“ – krönen den Bereich. Die hofseitige Architektur beeindruckt mit ihrer auffallend langen, in Fenstern aufgelösten Traufseite.

Im 15. Jahrhundert diente das Gebäude unverheirateten Frauen beziehungsweise Witwen als Wohnsitz. Sie lebten in klosterähnlicher Gemeinschaft.

Prunkvoller Hauseingang Am Berge 37

Hofansicht des Brömsehauses Am Berge 35

Westliche Altstadt

Am Rathaus, an der Kreuzung Waagestraße/Neue Sülze fällt das Gelände nach Westen hin deutlich ab. An dieser Stelle verläuft die Abbruchkante des Senkungsgebietes. Die durch das Abpumpen der Sole unter der Erde entstandenen Hohlräume führten hier zu Absenkungen.

Den Charakter der westlichen Altstadt prägen in erster Linie Handwerker- und Kleinbürgerhäuser aus dem 16. und 17. Jahrhundert. Meist sind dies mittelgroße Traufenhäuser, mal aus Fachwerk, mal aus Backstein. Auch Schmuckelemente, wie sie die reichen Patrizierbauten gestalten, finden sich an den Bauten der einfachen Mittelschicht, wenngleich in bescheideneren Ausführungen.

Auf dem Meere

Die Straße Auf dem Meere, die zur Michaeliskirche führt, flankieren kleine Reihenhäuser aus dem 16. Jahrhundert mit Utluchten und Dacherker. Die Obergeschosse bestehen aus Fachwerk.

Besonders hervorstechend sind der spätbarocke Massivbau Auf dem Meere 9 – eine Art Stadtpalais mit Putzfassade – sowie das Haus Auf dem Meere 36. Über dem hohen Dielengeschoss mit Utlucht und dem niedrigen Luchtgeschoss mit Stichbogenblenden ragt ein siebenteiliger Giebel aus dem 16. Jahrhundert in die Höhe. Seine Staffeln wurden später abgeschlagen. Mit vierfachem Gewändeprofil aus Taustein wartet das Spitzbogenportal des Hauses auf.

Das spätgotische Traufenhaus Auf dem Meere 21 entstand 1523 und besitzt einen extravaganten Eingangsbereich. Der Maler Peter up dem Borne, der auch im Rathaus den Aufenthaltsraum der Reitenden Diener verschönerte, bewohnte das Haus und bemalte die Decke der bis zum Dachansatz reichenden Diele, wie sie noch in der linken Haushälfte erhalten ist.

Auf dem Meere 21

Auf der Altstadt

Die ehemalige Marktstraße führt ebenfalls zur Michaeliskirche und bietet einen Blick auf alte Giebel- und Traufenhäuser.

Das Staffelgiebelhaus Auf der Altstadt 30 ist das kleinste seiner Art in Lüneburg. Der schmale Backsteinbau aus der zweiten Hälfte des 16. Jahrhunderts besitzt ein gotisches Portal mit gut erhaltenem Oberlicht. Einmalig in der Stadt liegen unterhalb des Kranauslegers Windeluke und Fenster im oberen Giebelbereich nebeneinander.

Der sich zur Oberen Ohlingerstraße erstreckende Fachwerkflügel vom Haus Auf der Altstadt 43 ist auf das Jahr 1573 zu datieren. Über zwei massiv aufgeführten Geschossen erhebt sich das aus zehn Gefachen bestehende Fachwerk. Die Schwelle ist mit flachem Rankenwerk geschmückt.

Untere Ohlingerstraße

Giebel- und Reihenhäuser prägen das Bild der Unteren Ohlingerstraße. Die drei Häuser aus Backstein Nummer 2 bis 4 gehörten – nahezu identisch gestaltet – ursprünglich als lang gestrecktes Reihenhaus zusammen. Im Laufe der Zeit erfolgten immer wieder Veränderungen und schließlich verloren sich die Gemeinsamkeiten durch das Aufsetzen des Fachwerkgeschosses an der Nummer 2 im 19. Jahrhundert gänzlich.

Töpfer und Brauer sowie Goldschmiede bewohnten

Auf der Altstadt 43 an der Ecke zur imposanten Oberen Ohlingerstraße

einst die Giebelhäuser Untere Ohlingerstraße 7 und 8. Das im Kern auf das Jahr 1476 zurückgehende Haus 7 erhielt Mitte des 16. Jahrhunderts seine Fachwerkfassade mit bemalten Knaggen und den renaissancetypischen Fächerrosetten.

Dahinter verbirgt sich die letzte erhaltene Handwerkerdiele Lüneburgs. Dank aufwendiger Restaurierung erhielt sie ihr ursprüngliches Fußbodenniveau zurück. Da sich die Straße im Laufe der Jahrhunderte um etwa 1,50 Meter erhöht hatte, führen nun ein paar Stufen hinab in den historisch wertvollen Raum. Sowohl die Holzbalkendecke als auch die Wände haben einen weißen Anstrich mit grünen Bändern. Vor der offenen Herdstelle mit Rauchfang befindet sich der Stubeneinbau.

Äußerlich auf den ersten Blick ähnlich gestaltet zeigt sich das Nachbarhaus Nummer 8. Dominant treten hier jedoch die Utlucht, das Spitzbogenportal sowie der dreifach vorspringende Dachgiebel in Erscheinung.

Auch die heute eigenständigen Häuser Untere Ohlingerstraße 33/34 besitzen einen alten Hauskern. Das 1376 erbaute traufenständige Gebäude mit den beiden Seitengiebeln stand ursprünglich frei. In einem Giebel existiert noch ein gotisches Fenster. Auffällig sind die kleinen Luken in den Speichergeschossen. Das Haus besaß sogar eine Fußbodenheizung, die eigentlich eher in größeren Giebelgebäuden vorzufinden war. Deshalb liegt die Vermutung nahe, dass Patrizier das Haus erbauen ließen, um es anschließend zu vermieten.

Kloster Lüne

Das Kloster Lüne befindet sich nordöstlich der historischen Innenstadt jenseits der Ilmenau. Weder Jahr noch Umstände der Gründung sind eindeutig gesichert. Hinweise gibt der Wortlaut einer nicht mehr erhaltenen Urkunde von 1172. Danach zog sich um 1140 ein Mönch des Lüneburger Michaelisklosters als Eremit in die Nähe des Platzes zurück, an dem sich heute das Kloster Lüne befindet. Nach einigen Jahren verließ er die Einsiedelei aus nicht bekannten Gründen. Der Abt des Michaelisklosters ließ an der aufgelassenen Stelle eine Kapelle errichten, die 1157 geweiht wurde.

1172 war diese Anlage in der Weise ausgebaut, dass sie einem Frauenkonvent Unterkunft bot. Vermutungen zufolge handelte es sich bei dieser Gemeinschaft um die Angehörigen eines von Heinrich dem Löwen gegründeten Kanonissenstifts. Beweise gibt es dafür nicht. Man weiß lediglich, dass in Lüne ein Frauenkonvent existierte, der sich urkundlich erstmals 1272 zum Orden der Benediktiner zurechnete.

Die Klosterchronik berichtet von Bränden im 13. und 14. Jahrhundert, die Veränderungen der Baulichkeiten nach sich zogen, aber nicht, wie gelegentlich vermutet wird, zu einer Verlegung des Klosters an die heutige Stelle führten. Es befindet sich nach wie vor am ursprünglichen Platz. Einen deutlichen Akzent in der Klostergeschichte

Siechenhaus und Zugang (rechts) zu Brunnenhalle und Kreuzgang

setzte die Einführung der spätmittelalterlichen Klosterreform im Jahre 1481, die mit großem Eifer umgesetzt wurde und zu einer Blütezeit des Klosters führte, getragen von einer intensiven Frömmigkeit.

1529 widersetzte sich der Konvent energisch der Einführung der lutherischen Lehre. Der Klosterbesitz wurde durch den Landesherrn eingezogen, das Kloster blieb jedoch – wie auch alle übrigen Frauenklöster des Fürstentums Lüneburg – als eigenständige Einrichtung bestehen. Es dauerte einige Jahrzehnte, bis sich die lutherische Lehre im Konvent endgültig durchsetzen konnte. Verschiedene Klosterordnungen und Einzelanweisungen regelten das Leben in dem bis heute bestehenden evangelischen Kloster, das von 1711 bis 1959 den Töchtern des landsässigen Adels vorbehalten war.

Die malerische Anlage des Klosters ist von den spätmittelalterlichen Baulichkeiten geprägt. Weil die historische Kontinuität in Lüne weitgehend ungestört geblieben ist, haben sich reiche Bestände an Kunstgegenständen erhalten, die überwiegend im Kloster selbst entstanden sind. Kern des Baukomplexes ist das Klostergeviert mit der Kirche im Norden und den sich jeweils im rechten Winkel anschließenden Flügeln, die über den Kreuzgang erreichbar sind. Diese Gebäude wurden bald nach 1372 errichtet, später erweitert und verändert.

Heutige Besucher betreten die Anlage durch die Brunnenhalle in der Südwestecke mit dem bronzenen Laufbrunnen aus dem Anfang des 15. Jahrhunderts. Der ursprüngliche Zugang in den Klosterbereich erfolgte von Norden her in den Westteil des

Blick in den Sommerremter

Allegorien der fünf menschlichen Sinne, Gemälde im Winterrefektorium

nördlichen Kreuzgangflügels. Dieser besitzt Kreuzgewölbe aus dem späten 14. Jahrhundert, während die übrigen Flügel ihre Kreuzrippengewölbe um 1520 erhielten. Von den Farbverglasungen des 15. und 16. Jahrhunderts haben nur geringe Reste überdauert.

Im Südtrakt erreicht man vom Kreuzgang aus den Kapitelsaal, der im 18. Jahrhundert neu gestaltet wurde. Vor der Westwand steht der Äbtissinnenthron von 1708, bekrönt von einer Figur des Klosterpatrons St. Bartholomäus. An den Wänden hängen die Porträts aller Äbtissinnen von der Einführung der lutherischen Lehre bis heute.

Der westliche Klosterflügel nimmt das Refektorium auf, das 1493 unter Propst Schomaker und Priorissa von Bodendike neu gestaltet wurde, worauf deren Wappenmedaillons an der Decke verweisen. Aus dieser Zeit stammen die Segmentbogenfenster der Westwand mit fein profilierten Sandsteinpfosten. Die dekorative Rankenbemalung und den Figurenfries an der Ostwand verdecken jedoch zum größten Teil die 1721 nach Abschaffung der gemeinsamen Mahlzeiten entstandenen hölzernen Einbauten.

Die Obergeschosse des südlichen und westlichen Traktes waren den Zellen der Nonnen vorbehalten, jeweils erreichbar über einen Mittelkorridor. Der Korridor im Südteil heißt Uhlenflucht und der im Westteil Sarggang – seine im Querschnitt trapezförmige

Wohnraum um 1700 an der Uhlenflucht

Holzdecke führte zu diesem Namen. Die Zellen besitzen unterschiedliche Ausgestaltungen verschiedener Epochen, teilweise auf Leinen gemalte landschaftliche, biblische oder allegorische Darstellungen und Verkleidungen aus niederländischen Fliesen.

In Verlängerung des südlichen Kreuzgangflügels nach Osten liegt die Äbtissinnenwohnung. Im Winkel zwischen dem östlichen Kreuzgangflügel und der Kirche befindet sich die „Barbarakapelle". Sie wurde zeitgleich mit dem Chor der Klosterkirche als Sakristei gebaut und vom 17. bis zum 19. Jahrhundert als Grablege für Äbtissinnen benutzt. Dem entspricht das Bildprogramm auf dem 1662 geschaffenen Altartriptychon, das als Mitteldarstellung die Grablegung Christi zeigt. Bei der Restaurierung 2007 entdeckten die Fachleute Gewölbemalereien des späten 16. Jahrhunderts.

Die in schlichten Formen aufgeführte Kirche verfügt über eine reiche Ausstattung. Es dominiert der große Schnitzaltar von 1524, der die Programmatik eines Passionsaltars aufnimmt. Im Mittelfeld erscheint die Kreuzigung Christi, darüber eine Himmelfahrtsdarstellung. An der nördlichen Chorwand ist der aus dem 15. Jahrhundert stammende Propststuhl aufgestellt. Mit der Kanzel von 1608 und der Orgel samt prächtig geschmücktem Prospekt von 1648 finden sich in der Kirche Elemente aus der barocken Zeit. Weitere Akzente setzen Epitaphien des 16. bis 18. Jahrhunderts.

Der auf einer Empore gelegene Nonnenchor ist vom Sarggang aus erreichbar und mit eindrucksvollen Kunstwerken ausgestattet. Besondere Beachtung verdient ein Tafelbild mit der Beweinung Christi aus der Werkstatt Lucas Cranachs d. Ä. von 1538. Aus dem 15. Jahrhundert stammen das hölzerne Sakramentshäuschen und die beiden Triptychen mit dem Schmerzensmann. Seit 1649 bereichert eine Ornamentierung die Rahmung der um 1490 datierten Leuchter-Madonna.

Um 1497 wurde die Kirche nach Westen um ein Joch verlängert. Im Zusammenhang mit diesen Baumaßnahmen stehen weitere Vergrößerungen des Klosterkomplexes nach Westen, die einen neuen, fast quadratischen Innenhof entstehen ließen. Der Nordtrakt an diesem Hof, gelegen im rechten Winkel zum (Winter-) Refektorium und mit diesem

Glasmalerei im Kreuzgang

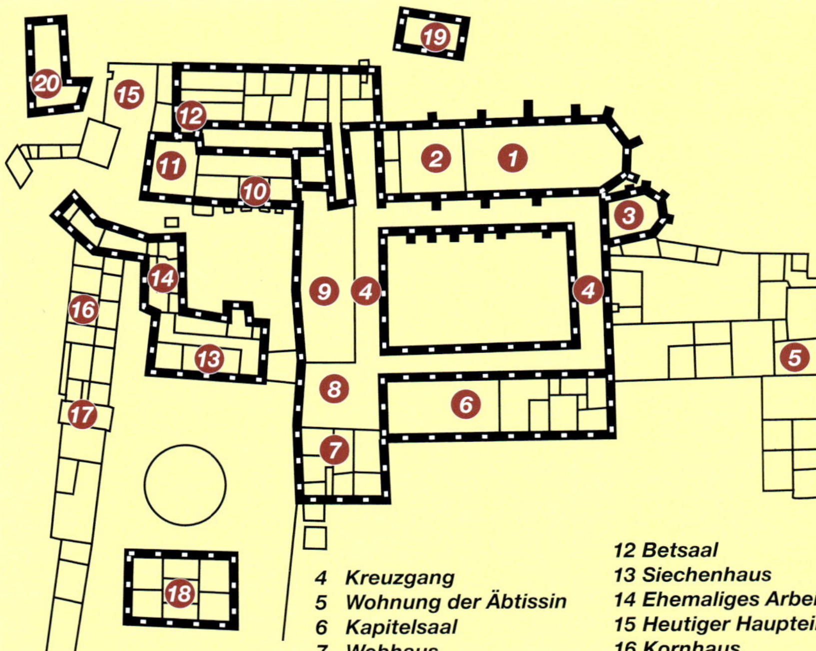

1 Klosterkirche
2 Nonnenchor
3 „Barbarakapelle“
4 Kreuzgang
5 Wohnung der Äbtissin
6 Kapitelsaal
7 Webhaus
8 Brunnenhalle
9 (Winter-) Refektorium
10 Sommerremter
11 Neue Küche
12 Betsaal
13 Siechenhaus
14 Ehemaliges Arbeitshaus
15 Heutiger Haupteingang
16 Kornhaus
17 Alter Hauptzugang
18 Gästehaus
19 Propstei
20 Klostermühle

Mittelteil des Hochaltars

verbunden, nimmt das Sommerrefektorium mit Küche auf. Vom späten 16. bis zum frühen 20. Jahrhundert hat es immer wieder Veränderungen und Erweiterungen der baulichen Struktur und der Gesamtanlage gegeben. Außerhalb des Klosters liegen die Propstei, errichtet zu Beginn des 16. Jahrhunderts, der Klosterkrug von 1570 und die Mühle von 1572.

1995 wurde ein Textilmuseum eröffnet, in dem der reiche Schatz des Klosters an mittelalterlichen Textilien präsentiert wird. Es handelt sich dabei einerseits um große farbige Bildteppiche und Banklaken aus der Zeit der spätmittelalterlichen Klosterreform, andererseits um Weißstickereien aus älterer Zeit, vornehmlich Altar- und sogenannte Hungertücher, mit denen in der Passionszeit die Sicht auf den Hochaltar verdeckt wurde. Seit Kurzem sind hier auch zwei doppelseitig bemalte Prozessionsfahnen aus der Zeit um 1410 ausgestellt, die sich bislang auf dem Nonnenchor befanden. Sie zeigen die Verkündigung an Maria und Christus in der Vorhölle bzw. die Anbetung der Könige und die Auferstehung Christi.

Chor der Klosterkirche

Im Hafenviertel

Markt – An den Brodbänken – Auf dem Kauf – Stintmarkt – Kran und Kaufhaus – Salzstraße am Wasser – Lüner Straße – Baumstraße – St. Nicolai

Vom Marktplatz geht es die Straße An den Brodbänken entlang; bis 1870 hatten hier die Bäcker ihre Verkaufsstände. Besonders sehenswert ist der fünfteilige Giebel aus dem 16. Jahrhundert vom Haus Nummer 6. Er hat segmentbogig geschlossene Luken. Unter den Staffeln befinden sich Doppelblenden. Die Friese sind mit Taustäben umrahmt.

Auf dem Weg zum Stintmarkt über Rosenstraße und Bei der Abtsmühle lohnt ein Schlenker in die Straße Auf dem Kauf. Das im Mittelalter zum Kloster Lüne gehörende Haus Nummer 9 ist eines der ältesten Gebäude Lüneburgs. Der Dachstuhl von 1361 wurde jedoch bei einem Brand 1983 zerstört. Der mächtige Backsteinbau besitzt einen einfachen Dreiecksgiebel mit regelmäßig verteilten Spitzbogenblenden. Die Fenster der unteren Geschosse sind stichbogig mit Kehlprofil gerahmt. Das gotische Portal mit profilierter Laibung hat eine spätbarocke Tür. Rokoko-Ornamente gestalten die Wangen der Treppe.

Auch das 1646 errichtete Haus Nummer 13 verdient mit seinem siebenteiligen Giebel und den beiden Utluchten Beachtung. Über dem profilierten, korbbogigen Portal befindet sich eine Sandsteinkartusche.

Auf dem Kauf 9

Auf dem Stintmarkt kann man bestens das mediterrane Flair mit Blick auf die stattlichen Giebelhäuser genießen. Wenige Schritte sind es zum Alten Kran und zum Kaufhaus. Von seiner barocken Schauseite aus hat man eine wunderbare Sicht auf eine der schönsten Hausfassaden der Stadt mit zwei Utluchten: Lünertorstraße 1. In der Salzstraße am Wasser, der ehemaligen Speicherstraße direkt an der Ilmenau, findet man Backsteinbauten und Giebelhäuser.

Sowohl die Baumstraße als auch die Lüner Straße führen von hier zur St. Nicolaikirche. Die Baumstraße, eine Gasse entlang der ehemaligen Stadtmauer, wurde erst im 19. Jahrhundert mit Reihenhäusern aus Backstein bebaut. Das mit Tiergestalten, Gesichtern und Figuren geschmückte Fachwerkhaus Nummer 3 gehörte zum Hof des Zisterzienserklosters Scharnebeck.

Lünertorstraße 1

In der westlichen Altstadt

Markt – Auf dem Meere – St. Michaelis – Auf der Altstadt – Untere Ohlingerstraße
Vom Markt geht es Am Ochsenmarkt um das Gebäudeensemble des Rathauses herum. Nach rechts verläuft die Reitende-Diener-Straße mit ihren Garlopenhäusern. Wir halten uns links, bis die Straße Auf dem Meere abzweigt. Sie führt direkt zur St. Michaeliskirche. Die Straße Auf der Altstadt bringt uns in die Obere und Untere Ohlingerstraße. Während dieses Rundgangs durch das Senkungsgebiet kann man viele kleinbürgerliche und liebevoll restaurierte Giebel- und Reihenhäuser betrachten, die teilweise mit Fachwerk ausgestattet sind.

Zum Wasserturm

Markt – Große Bäckerstraße – Zollstraße – Am Berge – St. Johannis – Kalandhaus – Wasserturm – Wandfärberstraße
Am Markt zweigt die Große Bäckerstraße, die einstige Wohnstraße der wohlhabenden und vornehmen Lüneburger, ab. Trotz vieler Umbauten ist dies heute noch am Haus Nummer 15 zu sehen. Der 1861 erneuerte Vordergiebel trägt an der Traufseite in den Friesen tausteinumrahmte Medaillons mit glasierten Terrakottaköpfen. Durch reich verziertes Fachwerk von 1558 zeichnet sich der an der Glockenstraße gelegene lange Hofflügel aus.
Auch das Patrizierhaus in der Großen Bäckerstraße 26 lässt den Reichtum seiner früheren Besitzer noch ahnen. Das Gebäude war königliche Kriegskanzlei und Kaserne des Kavallerieregiments. Der Hauptbau

Kalandhaus vor dem Wasserturm

entstand um 1400 und wurde 1517/18 um Flügelbauten erweitert.
Gegenüber der Alten Ratsapotheke mit ihrer eindrucksvollen Renaissancefassade führt die Zollstraße zur Straße Am Berge. Auf ihr nach rechts geht es zum Platz Am Sande. Neben dem Besuch der St. Johanniskirche lohnt auch der Ausflug (per Lift) auf die in 56 Metern Höhe gelegene Aussichtsterrasse des Wasserturms. Der in neugotischen Formen Anfang des 20. Jahrhunderts errichtete Bau diente bis 1985 der Trinkwasserversorgung. Auf dem Weg dorthin kommt man am Kalandhaus vorüber. Das um 1491 von der Gesellschaft der Kalandsbrüder erbaute, aufwendig gestaltete Gebäude wurde 1886 rekonstruiert.
Durch die Wandfärberstraße geht es wieder in Richtung Ausgangspunkt. Der traufenständige Backsteinbau Nummer 6 beeindruckt mit seinem über Knaggen vorkragenden Fachwerkobergeschoss ebenso wie mit dem tausteingerahmten Spitzbogenportal von 1585. Ein in Lüneburg einzigartiger Fachwerkbau, der wahrscheinlich auf das 17. Jahrhundert zurückgeht, steht in der Wandfärberstraße 7: Dreifach kragt der Giebel über gerundeten Balkenköpfen und Füllhölzern vor.

Zum Platz Am Sande

Markt – An der Münze – Schröderstraße – Grapengießerstraße – Am Sande – Heiligengeiststraße – Brauereimuseum – Heilig-Geist-Hospital – Salzstraße

Vom Marktplatz geht es in die Straße An der Münze. Das Anwesen Nummer 7/7a besteht aus einem giebelständigen Hauptbau aus der zweiten Hälfte des 15. Jahrhunderts und aus zwei Flügelbauten aus dem 16. Jahrhundert. Der siebenteilige, ehemals gestaffelte Giebel des Hauptgebäudes ist durch Pfeilervorlagen gegliedert. Auffallend sind die Zwillingsfenster mit Säulchen und Dreipassbögen.
Das 1543 errichtete Gebäude An der Münze 8a, vermutlich früher die städtische Münze, zeichnet sich durch Stichbogenblenden aus, die von glasierten Tausteinen gerahmt sind. Jeweils ein Tausteinfries mit Terrakottamedaillons trennt optisch die oberen Geschosse voneinander.

Medaillon An der Münze 8a

In der nachfolgenden Schröderstraße stehen Fachwerkhäuser, deren Fußbänder – wie bei Nummer 10 – mit Ringen profiliert und mit Rosetten geschmückt sind. Von der Schröderstraße gelangt man direkt in die Grapengießerstraße, eine sehenswerte Einkaufsstraße mit vielen Dreiecksgiebeln aus dem 17. und 18. Jahrhundert.
Hier befindet sich mit der Nummer 45 das Haupthaus eines der größten patrizischen Anwesen Lüneburgs. Es erstreckt sich zwischen Grapengießerstraße, Heiligengeiststraße und Enge Straße. Das Giebelhaus stammt im Kern noch von 1323, musste

Blick in die Schröderstraße

Heiligengeiststraße 10

jedoch vor allem im 16. Jahrhundert tiefgreifende Veränderungen hinnehmen. Vom einst siebenteiligen Staffelgiebel blieb ein Teil der Pfeiler mit frühgotischem Profil erhalten. Der sich anschließende Flügelbau besitzt ein massives Obergeschoss von 1452, das in seiner Gestaltung an eine romanische Zwerggalerie erinnert. Die Verbindung zu den beiden in der Heiligengeiststraße stehenden Nebengebäuden aus der Mitte des 16. Jahrhunderts übernimmt ein Flügelbau von 1593 in der Engen Straße. Ihm gegenüber schließt ein etwa 500 Jahre alter Backsteinflügel die Lücke zwischen dem Giebelhaus in der Grapengießerstraße und dem Traufenhaus in der Heiligengeiststraße. Am Ende der Grapengießerstraße treffen wir auf den Platz Am Sande mit seiner imposanten Bebauung.
Zurück geht es durch die Heiligengeiststraße, in der anfangs die Bauten mit ihrem Schmuck noch denen Am Sande gleichen. In den drei nebeneinanderstehenden eindrucksvollen Patrizierhäusern Nummer 39 bis 41 aus dem 16. Jahrhundert lädt das Brauereimuseum über vier Stockwerke zu einem Rundgang durch die Geschichte des Brauens ein, das an diesem Ort eine über 500-jährige Tradition besitzt.
Am Ende der Straße liegt das ehemalige Heilig-Geist-Hospital. Der lang gestreckte Ziegelbau aus dem 14. Jahrhundert blieb – wenn auch nur im Kern noch original – erhalten. Die einst östlich angrenzende Kapelle wurde abgerissen. An sie erinnert heute der spätgotische Dachreiter auf dem 1867 an der Stelle errichteten Schulgebäude.
Die Heiligengeiststraße trifft auf den Lambertiplatz. Hier stand die 1861 wegen Baufälligkeit abgebrochene vierte große Backsteinkirche Lüneburgs: St. Lamberti. Durch die Salzstraße und die Neue Sülze gelangt man zurück zum Markt. Westlich dieser Straßenzüge liegt das Senkungsgebiet.

Ausflüge in die Umgebung

Lüneburger Heide

Der ausgedehnte Natur- und Kulturraum Lüneburger Heide erstreckt sich etwa zwischen Hamburg und Braunschweig sowie zwischen Bremen und Wittingen. Typische Heidelandschaft mit Heideteppichen und Wacholderbüschen beschränken sich inzwischen jedoch auf viele kleine Oasen. Herzstück der Region ist das Naturschutzgebiet Lüneburger Heide, das mit dem Naturpark gleichen Namens flächenmäßig beinahe identisch ist und sich etwa 35 Kilometer südwestlich von Lüneburg auf einer Fläche von 234 km^2 erstreckt. Im Landkreis Lüneburg sind besonders die Heideflächen um Rehrhof, auf dem Kronsberg und der Oldendorfer Totenstatt sowie die Schwindebecker Heide für eine Erkundung per pedes, Rad oder Pferd empfehlenswert.

Blühendes Heidekraut

Um in den Genuss der violetten Heidelandschaften zu kommen, sollte man am besten zwischen Anfang August und Mitte September in die Lüneburger Heide reisen. Die dann vorherrschenden klimatischen Bedingungen sind optimal für die Gemeine Besenheide. Die Moorheide blüht bereits ab Juli, sie ist allerdings weniger verbreitet.

In der gesamten Heide leben derzeit noch 19 Herden hauptsächlich der Graugehörnten Heidschnucke – der kleinsten Schafrasse überhaupt. Heidschnucken stammen von sardinischen und korsischen Mufflons ab, die vor etwa 1 000 Jahren auf das Festland gebracht und domestiziert wurden. Man hält sie heute vor allem für die Fleischproduktion (wildähnlicher Geschmack) und zur natürlichen Pflege der klassischen Heidelandschaft.

Beliebte Touristenziele im Naturschutzgebiet sind unter anderem der Heidegarten in Schneverdingen mit 100 verschiedenen Sorten und der nur ohne Kraftfahrzeug erreichbare Ort Wilsede. Der nahegelegene Wilseder Berg ist mit 169 Metern die höchste Erhebung der Lüneburger Heide.

Infos: www.verein-naturschutzpark.de

Elbtalaue

Die Elbe bietet in ihrem Verlauf eine großräumige Landschaftsstruktur und vielfältige Auenlandschaften. Das Schutzgebiet erstreckt sich über 400 Kilometer und berührt fünf Bundesländer. Die 3 750 km^2 große Fläche entspricht etwa der Größe des Bodensees. In der Nähe von Lüneburg befindet sich die Elbtalaue. Sie wurde wegen ihrer seltenen Vogel- und Pflanzenarten zum UNESCO-Biosphärenreservat erklärt und reicht von Hohnstorf bis Bleckede.

Die Elbtalaue lässt sich wunderbar zu Fuß oder mit dem Rad auf dem Elberadweg erkunden. Dabei lohnt sich ein Besuch des Schiffshebewerks Scharnebeck, das zu den größten Schiffsfahrstühlen Europas zählt. Hier werden Schiffe um 38 Meter gehoben. Wer erleben will, wie 5 700 Tonnen in drei Minuten aufwärts steigen, kann einen Ausflug mit einem Fahrgastschiff buchen (Reederei Helle, Tel. 04153-592848) oder die beiden rund um die Uhr geöffneten Besucherplattformen ansteuern. Die Ausstellungshalle ist von März bis Oktober täglich geöffnet. Auskünfte zum Schiffshebewerk gibt der Verkehrsverein Scharnebeck (Tel. 04136-90721).

Rehrhofer Heide

Mühle von Artlenburg

In Boltersen liefern steinzeitliche Hünengräber Zeugnis von der Sesshaftwerdung der Menschen, die hier Ackerbau und Viehzucht betrieben. Auffällig sind die aus Findlingen errichteten Großsteingräber, auch Megalithgräber genannt. Der Name „Hünengrab“ gründet sich auf dem Glauben, dass diese von Riesen (Hünen) erbaut worden seien.

In Bleckede bietet das um 1600 erbaute Elbeschloss auf 1 000 Quadratmetern eine abwechslungsreiche Ausstellung über das Biosphärenreservat Elbtalaue. Besucher begleiten beispielsweise den Vogelzug der Gänse oder tauchen im Elbeaquarium in die Unterwasserwelt ab. In der Schlossanlage finden Veranstaltungen wie Jazzabende, das „ElbSchloss Festival“ und das historische Burgfest ein passendes Ambiente.

Direkt an der Elbe in dem kleinen Ort Artlenburg an der B 209 grüßt eine liebevoll restaurierte Holländer-Windmühle die vorbeifahrenden Schiffe. Sie wurde 1890 an der Stelle errichtet, an der ein Jahr zuvor eine Windmühle aus dem Jahr 1831 niedergebrannt war. Besichtigungen können unter Tel. (04139) 7159 vereinbart werden.

Info: www.lueneburger-elbtalaue.de

Bardowick

Erstmals wurde Bardowick 795 erwähnt und beeindruckt vor allem durch den sogenannten Dom St. Peter und Paul, einer teilweise noch romanischen, doppeltürmigen Stiftskirche. Sie stammt im Wesentlichen aus dem Ende des 14. Jahrhunderts, bewahrt aber noch Baureste aus der Zeit um 1150.

Der kleine Ort war bereits im 8. Jahrhundert ein bedeutender Handelsplatz, da ihn die Kaufleute auf ihrem Weg in die slawischen Gebiete nördlich der Elbe passieren mussten. Politische Bedeutung erlangte Bardowick, als es nach der Unterwerfung der Sachsen von Karl dem Großen (747 - 814) als Grenzort gegen die Slawen ausgebaut wurde.

Die Ilmenau war damals erst ab Bardowick für Schiffe befahrbar; Elbe und Ilmenau stellten eine wichtige Verkehrsader zum Meer dar. Auch das in Lüneburg gewonnene Salz wurde auf dieser Strecke transportiert. Da sich jedoch im Laufe der Jahre die Wasserstände der Elbe zugunsten Lüneburgs veränderten, verdrängte die Salzstadt den kleinen Ort immer mehr als Handelszentrum. Mit der Zerstörung Bardowicks durch Heinrich den Löwen 1189 ging die einstige Bedeutung gänzlich verloren. Heute lockt der Ort mit einer Vielzahl von Urlaubs- und Freizeitmöglichkeiten, vom Golfspielen bis zum Eislaufen.

Dom St. Peter und Paul in Bardowick

Info: www.bardowick.de.

Fototipps

In Lüneburg besteht (von wenigen Ausnahmen abgesehen) grundsätzlich das fotografische Problem, das Häuserschluchten mit sich bringen: stürzende Linien. Die Straßen und Gassen sind sehr eng, die Gebäude relativ hoch. Wer als ambitionierter Amateur schon einmal in ein Shift-Objektiv für seine KB-Spiegelreflexkamera investiert hat, wird hier endlich Gelegenheit bekommen, den Sinn dieser Aufwendung seinem ehelichen Finanzverwalter an zahllosen Beispielen zu erläutern. Ohne dieses optische Hilfsmittel (oder eine professionelle Fachkamera mit Standarte) sollte man beispielsweise vormittags Am Sande mit den Aufnahmen beginnen. Hier ist es weitläufig und gut beleuchtet. So attraktive Gebäude wie die Nummern 1, 31, 43, 46 und 50 kann man ohne viel Erfahrung fotografieren. Im Hochsommer empfiehlt sich ein zweiter Besuch am frühen Abend (im Juni/Juli zwischen 18 und 19 Uhr), um einige der Häuser auf der Nordseite, auf die dann zum großen Teil das Licht fällt, und natürlich um die Johanniskirche mit ihrem imposanten Turm auf Film oder Sensor zu bannen.

Vormittags lassen sich die Nicolaikirche aus der Lüner Straße, die Michaeliskirche aus der Straße Auf der Altstadt sowie die Barockfassade des Rathauses vom Marktplatz aus fotografieren. Gleichwohl schöne wie einfache Motive sind nach Süden ausgerichtete Gebäude an offenen Plätzen. Dazu zählen das Heinrich-Heine-Haus, das Herzogliche Stadtschloss, das barocke Kaufhaus und der Alte Kran.

Immer ein schönes Bild bringt der Blick von oben. In Lüneburg hat man hier gleich mehrere Möglichkeiten, die man zu unterschiedlichen Tageszeiten nutzen sollte. Die Plattform auf dem historistischen Wasserturm und der Kirchturm von St. Johannis eignen sich besonders am Vormittag für einen Fotoaufstieg, der Turm der Nicolaikirche (extrem enger Wendelstieg!) empfiehlt sich mehr zum Nachmittag.

Verkehrsverbindungen

Lüneburg hat eine direkte Anbindung an die A 39 (ehemals A 250) nach Seevetal, wo man auf dem Maschener Kreuz in alle Richtungen wechseln kann. Diese Autobahn eignet sich grundsätzlich für die Anreise aus dem Norden über Hamburg und dem Westen (A 1 aus Richtung Bremen). Aus Richtung Berlin fährt man auf der A 24 bis Abfahrt Hornbek und über Lauenburg (Elbbrücke) auf der B 209 nach Lüneburg. Von Süden her sollte man die A 7 ansteuern und auf ihr Richtung Hamburg bis Abfahrt Garlstorf fahren. Über Salzhausen ist das dann die schnellste Verbindung.

Etwa 5 000 Parkplätze stehen in Lüneburg zur Verfügung – ein großer Teil davon in der Innenstadt oder ihrer Nähe. Zu den freien Plätzen (mit aktueller Anzeige) führt ein übersichtliches Parkleitsystem. Wenn man weniger Zeit zum Bummeln oder auch schwere Einkäufe zu tragen hat, bieten sich besonders die Parkhäuser an der Neuen Sülze und im Kaufhaus Am Berge an. Stadtnah sind auch die Parkhäuser Am Graalwall (Rathaus) und Bei der Ratsmühle.

Für Wohnmobilisten gibt es in der Innenstadt den Stellplatz „Sülzwiesen“ mit Strom sowie Wasserversorgung und -entsorgung. Toilette und Waschgelegenheit findet man auf dem benachbarten Parkplatz. Der Campingplatz „Rote Schleuse“ liegt 3 km südlich vom Zentrum entfernt im Ilmenautal.

Am besten kommt man in der Stadt mit dem Drahtesel vorwärts. Lüneburg belegte 2002 den 2. Platz im Wettbewerb „Fahrradfreundlichste Stadt Niedersachsens“. Etwa 60 Prozent aller Einbahnstraßen dürfen in der Gegenrichtung befahren werden. Es bestehen zahlreiche Stellplätze und ein dichtes Netz an separaten Fahrradwegen.

In Lüneburg verkehren moderne Niederflurbusse auf insgesamt elf Stadtlinien. Die Haltestellen von vier dieser Linien werden tagsüber im 20-Minuten-Rhythmus angefahren. Außerhalb der Fahrplanzeiten kann man über die Lüneburger Rufnummer 5 33 44 ein Anrufsammelmobil (ASM) bestellen, das den Fahrgast sogar direkt bis vor die Haustür bringt. Als ASM-Neuling sollte man sich vorher telefonisch über die Gepflogenheiten dieser Dienstleistung informieren, um lange Wartezeiten zu vermeiden.

Die Züge des IntercityExpress Hamburg - Stuttgart bzw. Hamburg - München halten in Lüneburg. Von Berlin und Bremen aus kann man zwar auch im ICE anreisen, muss aber mindestens einmal umsteigen und kommt dann auf dem Lüneburger Bahnhof mit einer Regionalbahn oder dem sogenannten metronom der niedersächsischen Bahngesellschaft mit Sitz in Uelzen (Hundertwasser-Bahnhof sehenswert!) an. Zeitlich sind die meisten Züge des metronom mit den Lüneburger Bussen abgestimmt.

Lüneburg
Tier garten
Düvelsbrook
Rote Schleuse
Neu Häcklingen
Häcklingen
Rettmer
Tiergarten
44
Deutsch Evern
Wendisch Evern
Goxe
Timeloberg
Schwarzer Grund
Ohle Heide
Elbe-Seitenkanal
Steilberg
Sonntagsberg
58
Immenberg
55
Standort-
übungsplatz
Melbecker Heide
Ilmenau
Risterberg
OERZEN
VASTORF
Am Bahnhof
Melbeck
Blocksberg
Dieckhoffweg
Schwalbenberg
Dieksbach
Neues Gehege
Wochenend-häuser
Voßberg
Hengstberg
Kolkhagen
Klötzenberg
Wulfstorf
Niendorf
Schaperberg
Vierenbach
209
4

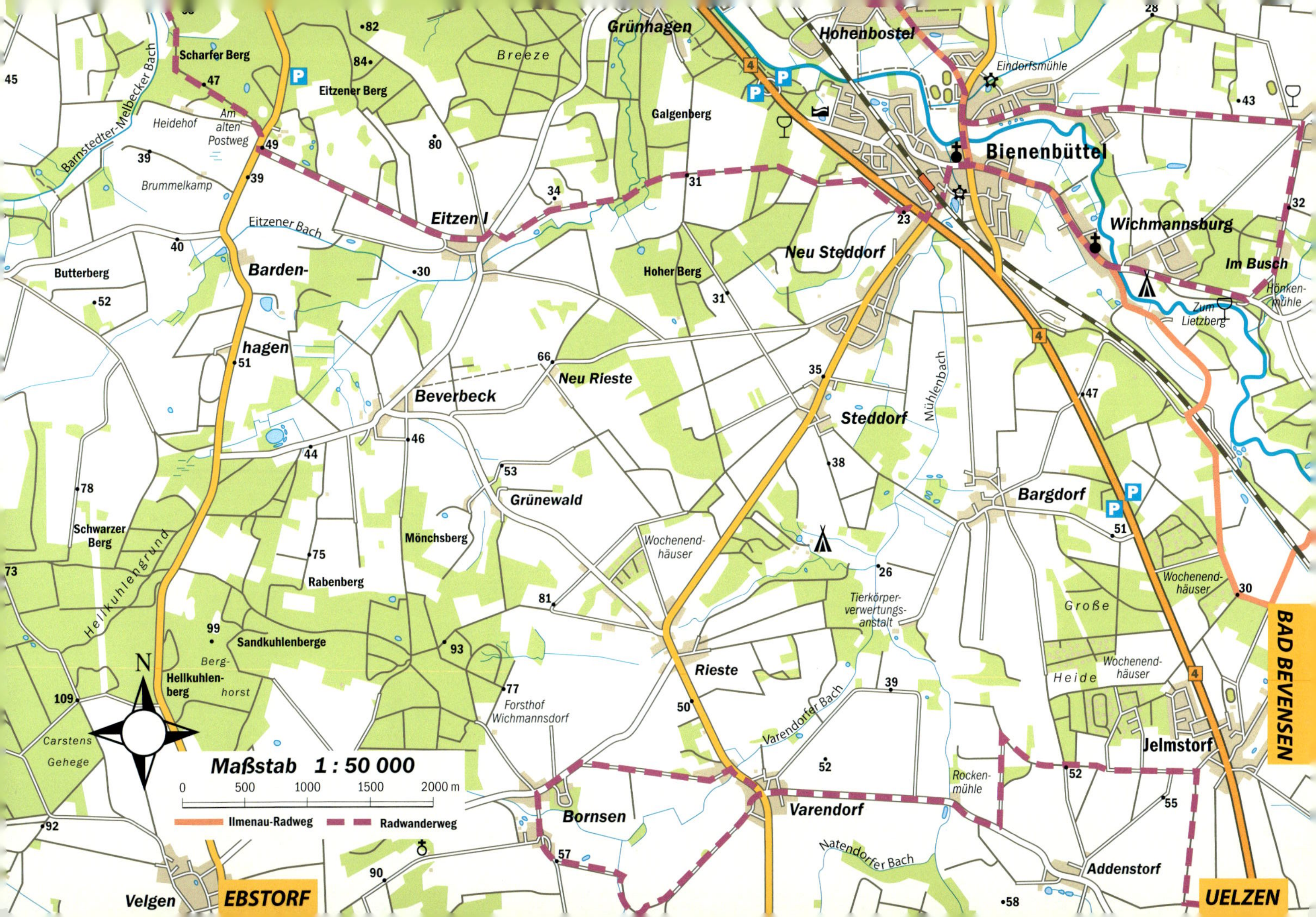
BAD BEVENSEN
UELZEN
EBSTORF
Bienenbüttel
Hohenbostel
Eindorfsmühle
Wichmannsburg
Im Busch
Hönkenmühle
Zum Lietzberg
Grünhagen
Breeze
Galgenberg
Scharfer Berg
Eitzener Berg
Heidehof
Am alten Postweg
Barnstedter-Melbecker Bach
Brummelkamp
Eitzener Bach
Eitzen I
Neu Steddorf
Hoher Berg
Butterberg
Barden-
hagen
Beverbeck
Neu Rieste
Steddorf
Mühlenbach
Bargdorf
Grünewald
Mönchsberg
Rabenberg
Schwarzer Berg
Hellkuhlengrund
Sandkuhlenberge
Berg-
horst
Hellkuhlenberg
Carstens Gehege
Wochenendhäuser
Tierkörperverwertungsanstalt
Rieste
Forsthof Wichmannsdorf
Varendorfer Bach
Große Heide
Jelmstorf
Rockenmühle
Bornsen
Varendorf
Natendorfer Bach
Addenstorf
Velgen
Maßstab 1 : 50 000
0 500 1000 1500 2000 m
Ilmenau-Radweg
Radwanderweg
N

Öffnungszeiten • Adressen • Tipps

Lüneburg-Information

Tourist-Information
der Lüneburg Marketing GmbH
Rathaus/Am Markt, 21335 Lüneburg
Tel. 0800 - 220 50 05 (kostenfrei)
Fax: (0 41 31) 2 07 66 44
Email: touristik@lueneburg.de
www.lueneburg.de
Öffnungszeiten:
Mai bis Oktober Mo bis Fr 9.30 - 18 Uhr, Sa 9.30 - 16 Uhr, So 10 - 16 Uhr, Nov. bis April Mo bis Fr 9.30 - 18 Uhr, Sa 9.30 - 14 Uhr
Stadtführungen:
Mai bis Oktober, Dezember täglich 11 Uhr, Sa 11.30 und 14 Uhr
November, Januar bis April Mi und Sa 11 Uhr (für Gruppen auch nach Vereinbarung)

Das Angebot an ***thematischen Stadtführungen*** und Erlebnistouren ist sehr vielfältig. Neben dem klassischen Rundgang in verschiedenen Variationen bezüglich der Ausdehnung und des Schwerpunkts gibt es auch Führungen speziell für Kinder.
Außerdem kann man sich von kostümierten Stadtführern in typischer Renaissance-Kleidung oder von berühmten Lüneburgern wie Heinrich Heine und Johann Sebastian Bach die Stadt erklären lassen. Es gibt einen salzigen Stadtrundgang, eine Führung durch das Senkungsgebiet oder auf den Spuren der Hanse und eine Route nur durch die drei gotischen Kirchen St. Johannis, St. Michaelis und St. Nicolai.

Sehenswürdigkeiten/Museen

Kloster Lüne mit Textilmuseum
Am Domänenhof
Tel. (0 41 31) 5 23 18, Fax: 5 60 52
E-mail: info@kloster-luene.de
Internet: www.kloster-luene.de
Öffnungszeiten: 1. April bis 15. Oktober, Montags und Karfreitag geschlossen; Gruppen auf Anfrage, Anmeldung erwünscht.
Führungen Kloster: Di bis Sa 10.30 Uhr, 14.30 Uhr und 15.30 Uhr, So/Fei 11.30 Uhr, 14.30 Uhr und 15.30 Uhr
Öffnungszeiten Textilmuseum: Di bis Sa 10.30 - 12.30 und 14.30 - 17 Uhr, So/Fei 11.30 - 13 und 14.30 - 17 Uhr

Historisches Rathaus
Am Markt 1 (Eingang Am Ochsenmarkt)
Tel. 0800 - 220 50 05 (kostenfrei)
Führungen: Di bis Sa 11, 12.30, 14.30 und 16 Uhr, So/Fei 11 und 14 Uhr, Mo geschlossen (Einlass 15 Minuten vorher)
Treffpunkt: Am Ochsenmarkt, Eingang K
Gruppenführungen nach Anmeldung

Wasserturm
Bei der Ratsmühle 19
Tel. (0 41 31) 789 59 19, Fax: 789 59 29
Öffnungszeiten: täglich 10 - 18 Uhr
kulturelles Programm an Vollmondabenden, jeden 1. So im Monat Jazz live
Führungen (von Schülern angeboten): Mi 15 Uhr und Sa 11 Uhr

Brauereimuseum
Heiligengeiststraße 39
Tel. (0 41 31) 4 48 04
Öffnungszeiten: Di bis So 13 - 16.30 Uhr
Gruppenführung nach Anmeldung

Deutsches Salzmuseum
Sülfmeisterstraße 1
Tel. (0 41 31) 4 50 65
Fax: (0 41 31) 4 50 69
www.salzmuseum.de
Öffnungszeiten:
Mai bis September Mo bis Fr 9 - 17 Uhr, Sa/So 10 - 17 Uhr
Oktober bis April Mo bis So 10 - 17 Uhr

Neues Museum (im Bau)
Willy-Brandt-Straße
Aus dem Naturmuseum und dem Museum für das Fürstentum Lüneburg entsteht bis Anfang 2014 durch Sanierung (Teil des alten Fürstentummuseums) und Erweiterung (drei lang gestreckte Gebäude) ein neues interdisziplinäres Museum, das Natur- und Kulturgeschichte vereint. Der Arbeitstitel lautet: natur MENSCH kultur.

Ostpreußisches Landesmuseum
Ritterstraße 10, Tel. (0 41 31) 7 59 95-0
www.ostpreussisches-landesmuseum.de
Öffnungszeiten: Di bis So 10 - 18 Uhr, Gruppenführungen nur nach Vereinbarungen

Sakralbauten

St. Johanniskirche
Am Sande, Tel. (0 41 31) 4 45 42
www.st-johanniskirche.de
Öffnungszeiten: täglich 11 - 16 Uhr, Jan./Febr. Mo bis Mi geschlossen, im Sommer zusätzliche Öffnungszeiten aktuell im Internet
Führungen: 31. April bis 31. Oktober So 11.15 Uhr nach dem Gottesdienst, jeden 1. Sa im Monat 11 Uhr, jeden 3. Fr im Monat 16 Uhr, ***Turm:*** nach Absprache (Tel. 77 43 44), ***Orgelmusik:*** nach Ostern bis Dezember Fr 17.30 - 17.50 Uhr
Turmbläser: Mo bis Fr 9 Uhr, Sa 10 Uhr

St. Michaeliskirche
J.-S.-Bach-Platz, Tel. (0 41 31) 3 14 00
www.sankt-michaelis.de.
Öffnungszeiten:
Mo bis Sa 10 - 17 Uhr, So 13.30 - 17 Uhr
Führungen: Mai bis September Mo 16 Uhr

St. Nicolaikirche
Lüner Straße 15, Tel. (0 41 31) 2 43 07 70
www.st-nicolai.eu • www.turmfuehrungen.de
Öffnungszeiten: Januar bis März 10 - 16 Uhr, April bis Dezember 10 - 18 Uhr
Turm: nach Absprache (Tel. 8 98 37 11)

Theater/Kultur

Theater Lüneburg
An den Reeperbahnen 3
Tel. (0 41 31) 4 21 00
Repertoire: Musiktheater, Schauspiel, Ballett; diverse Konzerte (546 Sitzplätze) sowie Junge Bühne T.3 und Studiobühne T.NT
Öffnungszeiten Theaterkasse:
Mo 10 - 13 Uhr, Di bis Sa 10 - 13 und 17 - 19 Uhr, So (nur bei Abendveranstaltungen) 17 - 18 Uhr; Tel. (0 41 31) 4 21 00; E-Mail: kasse@theater-lueneburg.de

Kleines Keller-Theater
Bunsenstraße 82, Tel. (0 41 31) 85 00 11
www.kleineskellertheater.de
Repertoire: Komödien, Krimis, Märchen und Sketche; Spielstätte: im Keller unter der Paul-Gerhardt-Kirche

Kulturforum Lüneburg e. V.
Gut Wienebüttel, Tel. (0 41 31) 67 13 55
www.kulturforum-lueneburg.de
Wechselnde Galerien oder Kunstausstellungen, Konzertscheune/Brettlbühne für diverse Musikveranstaltungen, Theaterforum

Heinrich-Heine-Haus
Am Ochsenmarkt 1
Literarische Gesellschaft e. V.
E-Mail: mail@ligelue.de
Literaturbüro Lüneburg e.V.
Tel. (0 41 31) 30 96 87, Fax: 30 96 88
E-Mail: literaturbuero@stadt.lueneburg.de
Geschäftszeiten: Mo bis Fr 9 - 12 Uhr

Kino

CineStar (8 Säle)
Fährsteg 1, Tel. (0 41 31) 3 03 32 22
www.cinestar.de

SCALA-Programmkino
Apothekenstr. 17, Tel. (0 41 31) 2 24 32 24
www.scala-kino.net

Freizeit/Sport

Salztherme Lüneburg
Uelzener Straße 1-5, Tel. (0 41 31) 7 23-0
www.salue.info
Öffnungszeiten:
Mo bis Sa 10 - 23 Uhr, So/Fei 8 - 21 Uhr
Sole-Außenbecken mit Strömungskanal, Wasserfontänen und Geysiren, Sole-Wellenbecken, Sole-Entspannungsbecken, Whirlpool, 90-Meter-Riesenrutsche

Fahrradtouren
ADFC Kreisverband Lüneburg
Katzenstraße 2, Tel. (0 41 31) 4 78 23
www.adfc-lueneburg.de

Fahrradverleih am Bahnhof
Radspeicher
Bahnhofstraße 4, Tel. (0 41 31) 26 63 50
www.radspeicher.de

Cafés und Restaurants

In der Altstadt verführen zahlreiche Cafés (teilweise mit Konditorei) zum Verzehr süßer Speisen und Getränke.
Herzhafte Gaumenfreuden bieten beispielsweise die Restaurants in den Hotels. Hier stehen regionale und gutbürgerliche Gerichte auf den Speisenkarten, im „Hotel Bergström" (Bei der Lüner Mühle) um internationale Köstlichkeiten ergänzt. Ebenfalls deftig geht es in der Heiligengeiststraße („Krone Bier- und Eventhaus", „Brau- und Tafelhaus Mälzer") sowie in der Grapengießerstraße („Zum Alten Brauhaus") zu. Am Markt erwartet das Steakhaus „El Rado" seine Gäste.
Freunde der internationalen Küche finden neben italienischen Restaurants auch spezielle Gaststätten, in denen spanische („BODEGA", Lünertorstraße), chinesische („Shanghai", Schießgrabenstraße 1) oder indische („India-Haus", Heiligengeiststraße) Speisen angeboten werden. Außerdem gibt es in der Schröderstraße eine Sushi-Bar.

Jugendherberge/Camping

Jugendherberge
Soltauer Straße 133
Tel. (0 41 31) 4 18 64, Fax: 4 57 47

Campingplatz Rote Schleuse
Tel. (0 41 31) 79 15 00, Fax: 79 16 95
3,5 Kilometer südlich vom Zentrum, im Ilmenautal (Rote Schleuse).
ganzjährig geöffnet

Campingplatz Heidehof Radenbeck
Am Mausethal 6, 21401 Thomasburg
Tel. (0 58 59) 97 08 30, Fax: 9 70 84
15 Minuten von Lüneburg entfernt
ganzjährig geöffnet.

Feste und Traditionen

Heideblütenfest
Festwoche in Amelinghausen mit zahlreichen Veranstaltungen; Höhepunkt: Wahl der Heidekönigin
Mitte August

Sülfmeistertage
1472 erstmalig erwähnt, auch bekannt als „Kopefest", vier tolle Tage mit Musik, Tanz, Theater, Wettspielen und Festumzug
Ende September / Anfang Oktober

Weihnachtsmarkt
„Giebel erstrahlen im Licht" vor dem Rathaus (ab Mittwoch vor dem 1. Advent) und am 1. Wochenende im Dezember verbreitet außerdem der Historische Christmarkt rund um die St.-Michaelis-Kirche weihnachtliche Atmosphäre.
Dezember

Rechts: In der Grapengießerstraße

16
Tee
knaudt
KIND
HÖRGERÄTE
KINDERBRILLEN

Der Harzer Verlag
für Bücher und Kartografie
Schmidt BUCH
Reiseführer
Stadtführer
Stadtpläne
Wander-karten
Freizeit-karten
Bildbände
Magdeburg
Der Stadtführer
Mit Fahrradkarte Mittlere Elbe Maßstab 1 : 50 000
Sachsen-Anhalts
Domschätze
Halberstadt
Quedlinburg
Naumburg
Merseburg
Der Kunstführer
Erfurt
Der Stadtführer
Luther
Der Reiseführer
Mit ausführlicher Biografie
Auf der Straße der
Romanik
Jetzt mit 80 Bauwerken in 65 Orten Sachsen-Anhalts
Der offizielle Kunstreiseführer
Weimar
Der Stadtführer
www.schmidt-buch-verlag.de
Besuchen Sie uns im Internet oder fragen Sie Ihren Buchhändler

Titelbild: Lüner Mühle am alten Hafen
Foto Seite 2: An der Ilmenau mit Altem Kran und Kaufhaus

Bibliografische Information Der Deutschen Nationalbibliothek
Die Deutsche Nationalbibliothek verzeichnet diese Publikation in der Deutschen Nationalbibliografie; detaillierte bibliografische Daten sind im Internet über http://dnb.ddb.de abrufbar.

Es fotografierte Thorsten Schmidt

Manuskriptbearbeitung: Dr. Jens-Uwe Brinkmann
Lektorat: Marion Schmidt

Die Winde 45; 38855 Wernigerode; Tel.: (0 39 43) 2 32 46, Fax: (0 39 43) 4 50 10
E-mail: info@schmidt-buch-verlag.de
4., aktualisierte Auflage 2012, 16. - 20. Tsd.
Layout und Bildbearbeitung: Schmidt-Buch-Verlag, Wernigerode
Druck und Weiterverarbeitung: Grafisches Centrum Cuno GmbH & Co. KG

Internet: www.schmidt-buch-verlag.de

ISBN 978-3-936185-35-5

Straßenverzeichnis